왜
로마 제국은
기독교를
박해했을까?

15
역사공화국
세계사법정

교과서 속 역사 이야기, 법정에 서다

왜 로마 제국은 기독교를 박해했을까?

글 정기문 · 그림 이일선

|주|자음과모음

로마는 역사상 가장 위대한 제국으로 유럽, 아시아, 아프리카의 주요 지역을 정복하여 훌륭하게 통치했습니다. 로마가 세계를 지배했던 기간은 짧게 잡아도 800년(기원전 200년~기원후 600년)이나 되는데 그렇게 오랫동안 지속된 제국은 없었지요. 트라야누스 황제는 이 위대한 제국을 최고의 번성기로 이끌었던 인물입니다. 그는 북쪽과 동쪽으로 정복 활동을 펼쳐서 제국의 영토를 최대로 넓혔고 행정 제도를 정비하여 로마 제국을 안정시켰지요. 그는 특히 로마에 정복된 피정복민을 보호하는 데 열성을 보였답니다. 참모들이 피정복민에게 세금을 더 부과하자고 주장했을 때 그는 "훌륭한 양치기는 양털은 깎아도 가죽은 벗기지 않는다"라고 말했습니다. 이는 세금을 과도하게 부과하면 피정복민이 고통당할 것을 우려한 말이지요.

그런데 그가 로마를 최고의 번영으로 이끌고 있을 때 신흥 종교였던 기독교가 빠르게 세력을 팽창하고 있었지요. 로마는 피정복민의 종교와 관습을 존중했기 때문에 종교를 탄압하는 사례가 거의 없었습니다. 더욱이 로마는 법으로 다스리는 것을 주장했기 때문에 중대한 범죄를 저지르지 않는다면 사형을 집행하지 않았습니다. 그런데 유독 기독교 신자는 단지 기독교를 믿는다는 이유만으로 사형을 당했지요. 트라야누스 황제가 기독교를 불법 종교로 규정하고, 누구든지 기독교를 믿으면 사형에 처하라고 명령했기 때문입니다. 이후 로마 제국은 200년에 걸쳐 계속해서 기독교를 박해했답니다.

트라야누스 황제 이전에도 기독교를 탄압한 황제들이 있었습니다. 패륜아로 유명한 네로 황제와 자기가 신이라고 생각했던 도미티아누스 황제가 바로 그들이지요. 그렇지만 그들은 일시적으로 몇 명의 기독교 신자들을 죽였을 뿐 기독교 자체를 불법 종교로 규정하지는 않았습니다. 따라서 트라야누스가 기독교를 불법 종교로 규정한 것은 로마의 전통에 비추어 보나, 또한 그의 인품을 고려할 때 매우 기이한 일이 아닐 수 없지요. 과연 그는 왜 기독교를 불법 종교로 규정하고 신자들을 박해했을까요?

이 문제가 로마의 역사와 기독교의 발전을 이해하는 데 매우 중요하기 때문에 서양의 역사를 다룬 교과서나 역사책에서는 꼭 짚고 넘어가고 있답니다. 이런 책들은 로마 제국이 기독교가 너무나 급속하게 전파되자 위협을 느꼈고, 기독교 신자들이 황제 숭배를 거부했기 때문에 기독교를 박해했다고 서술하고 있지요. 그리고 로마가 기독교 신자들을 잔인하게 박해한 것을 부각시키면서 로마 제국이 선량한 기독교 신자들을 무자비하게 죽였다고 주장하고 있습니다.

그러나 트라야누스 황제가 이런 소리를 듣는다면 땅을 치고 통곡할 것입니다. 그는 기독교가 로마에 큰 해악을 끼치는 끔찍한 종교라고 생각했기 때문입니다. 과연 그는 왜 그렇게 생각했던 것일까요? 이제 트라야누스 황제를 만나서 그가 기독교를 박해했던 진짜 원인을 알아보겠습니다. 트라야누스는 이 문제를 명명백백하게 밝히기 위해서 딴죽 걸기의 명수 김딴지 변호사를 자신의 변호인으로 삼아 당시 기독교의 최고 지도자로 순교를 당하고 후대에 성인으로 추앙받은 이그나티우스를 고소했답니다. 트라야누스는 그가 무도한 죄를 지어서 처형당한 것임에도 불구하고 아무런 잘못 없이 죽임을 당했다고 주장하는 것도 모자라 로마의 황제를 야만인으로 비난했기 때문에 이번 소송을 진행하게 되었다고 밝히고 있지요. 이에 고소를 당한 피고 이그나티우스는 독실한 기독교 신자인 이대로 변호사를 자신의 변호인으로 삼아 대응하고 있습니다. 원고 측에서는 플리니우스와 당시 기독교를 반대하는 책을 썼던 켈수스, 데메트리우스와 막시무스를 증인으로 세웠고 피고 측에서 바울과 프톨레마이우스, 율리아누스를 증인으로 내세웠지요.

이번 재판을 통해 트라야누스 황제와 이그나티우스 주교의 입장을 꼼꼼히 들어 보고, 여러분 또한 나름대로 평가해 보기를 바랍니다.

정기문

차례

로마 제국에 제정이 성립된 이후 로마는 약 200년 동안 능력 있는 황제들이 등장해서 영토를 확장해 나갔다. 특히 콘스탄티누스 대제는 기독교를 공인하고 수도를 콘스탄티노폴리스로 옮기는 등 로마의 개혁을 위해 노력하였다.

중학교   역사

로마가 강력한 제국으로 성장할 즈음, 팔레스타인 지방에서 예수가 나타나 사랑과 믿음을 전하였다. 이후 그의 제자들이 가르침을 전하면서 로마 제국 곳곳에 크리스트교가 퍼졌다. 초기에는 우상 숭배 금지와 유일신에 대한 믿음 때문에 탄압을 받기도 했지만, 밀라노 칙령으로 크리스트교가 공인되고 4세기 말에는 로마 제국의 국교로 인정받았다.

고대 지중해 세계는 여러 신을 섬기는 다신교적 전통이 강하였다. 그러나 1세기 중엽 유일신 사상인 유대교에서 발전한 크리스트교가 전파되었다. 예수를 메시아로 믿은 베드로와 바울 등 제자들의 선교로 크리스트교가 소아시아, 그리스, 로마로 퍼져 나갔기 때문이다.

| 고등학교 | 세계사 | Ⅱ. 도시 문명의 성립과 지역 문화의 형성
 4. 그리스와 로마
  (3) 로마 제국과 지중해 세계 |

크리스트교는 탄압을 받았지만 313년 콘스탄티누스 황제의 밀라노 칙령으로 공인된 이후 서양 문명에 강한 영향을 끼치게 되었다. 특히 4세기 말 테오도시우스 황제는 다른 종교를 금지하고 크리스트교를 사실상 국교로 확정하였다. 이후 제국은 동서로 나누어졌고, 서방에서는 로마 교회가, 동방에서는 동방 교회가 강력한 권위를 갖게 되었다.

기원전 **4년**	예수 탄생
기원후 **33년**	예수 사망 예수의 제자들 예루살렘 교회 수립
47~48년	바울의 1차 선교 여행
49년	예루살렘 사도 회의
49~57년	바울의 2~3차 선교 여행 (2차 : 49~52년, 3차 : 53~57년)
64년	네로의 박해
67년	이그나티우스, 제3대 안티오키아 총대 주교가 됨
95년	도미티아누스의 박해
98년	트라야누스 제위에 오름
108년	이그나티우스 순교
112년	트라야누스, 기독교를 불법 종교로 규정
117년	트라야누스 사망
250년	데키우스, 최초로 제국 전역에 걸쳐 기독교 신자 박해
303년	디오클레티아누스의 박해
313년	콘스탄티누스, 밀라노 칙령으로 기독교 공인
392년	테오도시우스, 기독교를 로마의 국교로 삼음

기원후
3년 고구려, 졸본에서 국내성으로 천도

42년 김수로, 금관가야 건국

65년 신라, 김알지 탄생

194년 고구려, 진대법 실시

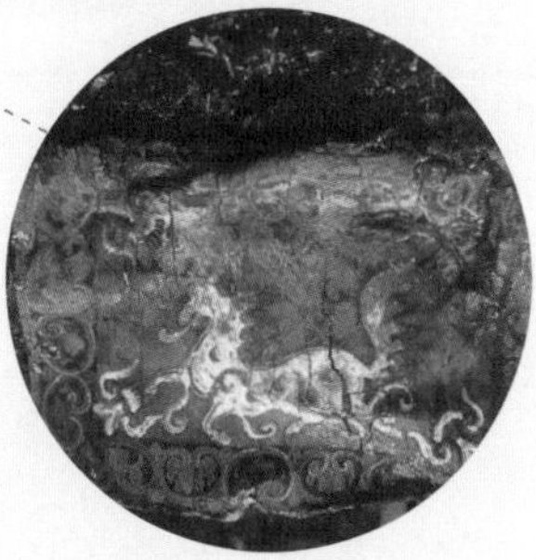

307년 신라, 국호를 계림에서 신라로 고침

346년 백제, 근초고왕 즉위

410년 고구려 광개토 대왕, 동부여 정벌

원고 트라야누스(53년~117년, 재위 기간 : 98년~117년)

나는 로마 제국의 제13대 황제입니다. 나는 법과 원칙을 바로 세우면서도 가난한 자, 힘없는 자를 돌봤지요. 한 나라의 통치자로서 이그나티우스가 로마법을 어기고 사악한 미신을 퍼뜨리면서 사회 질서를 문란하게 만들었기 때문에 사형을 선고했습니다.

원고 측 변호사 김딴지

나, 김딴지 변호사는 역사에 관한 해박한 지식을 가지고 있으며, 잘못된 역사를 바로잡는 데 혼신의 힘을 쏟는 변호사랍니다.

원고 측 증인 데메트리우스

나는 로마 시대 에페수스에서 아르테미스 여신의 조각상을 만들어서 팔았습니다. 그런데 사도 바울이 사람의 손으로 만든 것은 신이 아니라고 주장하면서 많은 사람들이 신전을 찾지 않게 되었고, 결국 나는 많은 피해를 입었지요.

원고 측 증인 막시무스

나는 평범한 로마의 시민이었습니다. 큰 부자는 아니었지만 단란한 가정을 꾸미고 살았지요. 그런데 내 아내가 교회에 나가기 시작하더니 어느 날 이혼장을 보내고는 집을 나가 버렸지 뭡니까!

원고 측 증인 켈수스

나는 그리스 철학과 동방의 종교에 대해서 해박한 지식을 갖춘 로마의 시민입니다. 기독교가 사악한 종교라고 생각하지요.

원고 측 증인 플리니우스

나는 112년 비티니아 폰토스 지역을 다스린 총독입니다. 나는 비티니아 지역에 가기 이전에는 기독교에 대해서 거의 몰랐습니다. 따라서 기독교 신자를 박해할 생각이 전혀 없었지요.

등장인물

피고 **이그나티우스(30년?~108년?, 재임 기간 : 67년 ~108년)**

나는 아주 어릴 적에 예수님을 직접 만났고, 예수님의 제자인 베드로와 요한에게서 기독교에 대해 배웠습니다. 어른이 되어서는 안티오키아의 주교가 되었지요. 나는 트라야누스가 기독교를 박해했을 때 로마로 잡혀가 순교했습니다.

피고 측 변호사 **이대로**

역사공화국에서 명변호사로 널리 알려진 이대로입니다. 역사적 진실은 쉽게 변하는 것이 아니지요. 기존의 역사적 평가에는 다 이유가 있다니까요! 이 기회에 기독교 박해의 진실을 파헤치겠습니다.

피고 측 증인 **바울**

나는 원래 유대인이었습니다. 그래서 유대교의 율법과 성전 제사를 부정하는 기독교도를 박해했지요. 그러나 34년경 다마스쿠스로 기독교 신자들을 잡으러 가다가 예수의 환영을 보았고, 그 후 나는 기독교 신자가 되어 세상에 기독교를 전파하기 위해서 선교 여행을 다녔습니다.

피고 측 증인 **프톨레마이우스**

나는 2세기경에 로마에 살던 평범한 사람입니다. 원래 다신교를 믿었지만 세상에 신은 한 분뿐이며, 죽은 뒤에는 부활해서 영원히 살 수 있다는 기독교의 가르침에 반해 기독교 신자가 되었습니다.

피고 측 증인 **율리아누스**

나는 로마 제국의 황제였습니다. 원래는 기독교 신자였는데 그리스 철학을 배운 뒤에는 기독교의 교리가 너무나 유치하고, 미신적이라고 생각하게 되었지요. 그 후부터 나는 기독교를 박해하고, 로마의 전통 종교를 되살리기 위해 노력했습니다.

판사 **정역사**

나는 역사공화국 세계사법정에서 공정하기로 소문난 재판장 정역사입니다. 변호사들에게 엄하게 대할 때도 있지만, 역사에 대한 호기심과 공정한 판결을 위한 노력은 나를 능가할 사람이 없을 겁니다.

"나, 트라야누스는 기독교를
법에 따라 통치했소"

여기는 역사 속 영혼들의 나라인 역사공화국. 이곳에서도 진실을 밝히려는 재판이 하루가 멀다 하고 벌어지고 있었다.

지난 재판에서 너무나 변론을 열심히 한 나머지 녹초가 되어 버린 김딴지 변호사는 소파에 비스듬히 누워 빈둥거리고 있었다.

"최고의 성인이라 불리는 예수를 상대로 재판을 벌였더니 아무리 이름난 변호사라도 기운이 쏙 빠질 수밖에! 사건이고 뭐고, 오늘까지는 마음 편히 쉬어야지."

그때 문을 열고 한 남성이 불쑥 들어왔다.

"여기가 김딴지 변호사 사무실이오?"

'잠시도 쉴 틈이 없군. 저 사람은 또 누구지? 제법 비싸 보이는 옷을 걸쳐 입은 데다 눈빛도 예사롭지 않은 걸 보니 보통 사람은 아닌

것 같은데…… 일단 인사는 하고 보자.'

"네, 맞습니다. 제가 바로 명변호사 김딴지입니다. 무슨 일로 저를 찾아오셨죠?"

남자는 자주색 긴 비단 자락을 이끌며 김딴지 변호사에게로 가까이 다가와 위엄 있는 목소리로 말했다.

"나는 로마 제국의 황제, 트라야누스라고 하오. 김딴지 변호사에게 사건을 의뢰하려고 이렇게 찾아왔소만."

사건을 의뢰하려 한다는 황제의 말에 김딴지 변호사는 쉬어야겠다는 결심도 접어 버린 채 활짝 웃으며 재빠르게 다가갔다.

"반갑습니다. 일단 여기 좀 앉으시지요. 그런데 제 짧은 지식에 의하면 트라야누스 황제는 로마 제국의 전성기를 이끈 훌륭한 분이라 알고 있는데, 무슨 일로 재판을 하려고 하십니까?"

먼지가 덕지덕지 붙은 의자에 자신의 비단 옷을 걸칠지 말지를 잠시 고민하던 트라야누스는 김딴지 변호사가 칭찬을 하자 금방 환한 미소를 띠며 의자에 앉았다.

"나에 대해 잘 알고 계시군요. 지난번 유다와 예수에 관한 재판을 하면서 로마 제국에 대해 공부를 좀 하셨나 보지요? 그렇습니다. 나는 로마의 수많은 황제들 중 몇 손가락 안에 꼽히는 훌륭한 황제였지요. 그런데……."

"그런데, 뭡니까?"

"김딴지 변호사가 잘 모르시나 본데, 기독교인은 나를 야만적이고 나쁜 황제라며 비난하고 있어요. 내가 로마를 다스리던 당시 기

독교를 믿는 건 불법이었는데, 그들은 자신들이 법을 어겨 놓고 오히
려 나보고 나쁜 사람이라고들 하니 억울해서 밤에 잠도 오질 않소.
나의 위대한 명성에 흠집을 내다니……. 마치 '옥에 티'라고나 할까?"

트라야누스는 여러 날 잠을 이루지 못한 탓에 눈 밑이 거뭇거뭇했
다. 김딴지 변호사는 그런 트라야누스가 재미있는 듯 키득키득 웃어
댔다.

"웃을 일이 아니오. 김딴지 변호사. 내 억울한 마음을 풀 길이 없
을까 고민하던 차에, 역사의 진실을 바로잡는 데 뜻을 둔 변호사가

있다는 소문을 듣고 곧바로 당신을 찾아왔지요. 기독교나 로마의 역사에 대해서도 잘 아실 테고."

트라야누스의 말에 웃음을 딱 멈춘 김딴지 변호사가 진지한 표정으로 말했다.

"잘 찾아오셨습니다. 제가 하는 일이 바로 역사 속 진실을 밝히고 잘못된 평가를 바로잡는 일이지요! 그럼 지금부터 조금 더 자세히 이야기해 주시겠습니까? 우선, 누구에게 소송을 거시겠습니까? 로마 시대 기독교인들 모두에게 소송을 걸 수는 없을 텐데요."

김딴지 변호사의 진지한 표정을 본 트라야누스 역시 심각한 얼굴로 말을 이었다.

"내가 소송을 제기하려는 상대는 바로 기독교인의 지도자인 이그나티우스입니다. 기독교인들은 내가 이그나티우스를 사형에 처한 것 때문에 나를 야만인이라고 비난하고 있지만 그는 법을 어긴 범죄자에 불과합니다. 그를 로마법에 의거해 사형에 처한 것은 당연한 일이었지요."

"이그나티우스라……. 네, 잘 알겠습니다. 이 재판, 제가 맡기로 하지요. 이번에야말로 명변호사 김딴지의 진면목을 보여 드리겠습니다."

예수의 말을 따르는 기독교,
박해를 받다!

'존엄한 사람'이라는 뜻의 '아우구스투스'라는 호칭을 받게 된 옥타비아누스는 기원전 27년에 로마 제국의 황제가 되었어요. 로마 제국은 거대 왕국을 건설하였고, 황제인 옥타비아누스가 로마 제국의 정치에 몰두하고 있을 무렵, 팔레스타인의 베들레헴이라는 지방에서 예수 그리스도가 태어납니다.

사랑을 전하고 유일신인 하느님을 믿을 것을 전하는 예수의 말을 많은 사람들은 믿고 따르게 되었고, 사람들은 그를 '구세주'라는 의미에서 '그리스도'라고 불렀지요. 그러나 예수의 명성을 질투하는 사람들에 의해 예수는 십자가에 못 박혀 죽음을 맞이하게 되었습니다. 하지만 '원수를 사랑하고 박해하는 자를 위해 기도하라', '왼뺨을 때리면 오른뺨도 내밀라'는 예수의 가르침은 그의 제자인 베드로와 요한 등에 의해 전파되었어요. 하지만 베드로 역시 사형을 당하게 되고 요한은 유배를 당하게 되고 말지요.

이렇게 로마 제국의 번영이 계속되는 동안에도 예수 그리스도의 가르침을 믿는 기독교도들은 여전히 박해를 받게 됩니다. 로마의 황제였던 폭군 네로가 로마의 도시를 불태우고 기독교도들에게 죄를 뒤집어씌우는 바람에 사람들의 미움을 받게 되었지요. 이후에 로마는 기독교도들에게 로마인이 섬기는 신과 로마의 황제에게 제사를 지내라고 강요하였어요. 기독교도들이 거부하자 로마는 기독교를 불법 종교로 규정하고, 기독교도라는 이유만으로 바로 사형에 처했답니다. 기독교도들은 언제 고발당하여 죽을지 모르기 때문에 항상 두려움에 떨었어요. 그렇지만 기독교도들은 끝가지 믿음을 지키다가 순교하곤 했지요. 로마 근처에는 기독교도들의 공동묘지인 카타콤이 있는데, 여기에는 많은 순교자들이 묻혀 있답니다.

예수와 그의 가족을 그린 그림

| 원고 | 트라야누스 | 대리인 | 김딴지 변호사 |
| 피고 | 이그나티우스 | 대리인 | 이대로 변호사 |

청구 내용

이그나티우스가 안티오키아의 주교로 일하는 동안 나는 로마 제국의 황제였습니다. 그때 로마 제국의 안녕과 발전을 해치는 미신인 기독교가 퍼져 나갔고, 기독교의 가르침에 현혹된 사람들이 기이한 행동을 일삼기 시작했습니다. 그들은 주문으로 병을 고치고 죽은 자를 살려 낼 수 있다며 가정을 돌보지 않은 채 날마다 모여서 수상한 행동을 했습니다. 그뿐만 아니라 그들은 로마 제국의 번영을 위해 해마다 갖던 제사에도 참가하지 않았으며, 심지어 군대에 가는 것을 거부했습니다. 한마디로 로마의 전통과 미풍양속을 무너뜨렸지요. 그래서 나는 기독교를 불법 종교로 규정하고, 기독교를 믿는 사람들을 사형에 처했습니다. 내가 이렇게 기독교를 박해했던 이유는 기독교가 비상식적이고 파괴적이며, 비도덕적인 종교였기 때문입니다.

그러나 기독교가 후대 사람들의 마음을 사로잡으면서 상황이 이상하게 전개되었습니다. 기독교를 박해했던 나를 잔인한 황제라고 비난하기 시작한 것입니다. 이는 이그나티우스와 같이 내 명령에 의해 죽임을 당한 사람들이 사실을 왜곡했기 때문입니다. 그들은 내가 스스로 신이라고 생각하여 그들에게 황제 숭배를 강요했고, 또 내 성격이 포악하고 모질어서 사람 죽이기를 좋아했다는 말도 안 되는 헛소문을 퍼뜨렸습니다.

나는 로마 제국 황제로서 모든 분야에서 전성기를 이루어 냈다는 평가를 받았습니다. 그런데 사람들은 당시의 나의 업적에 대한 평가보다는 그들의 주장에 현혹되어 교과서나 여러 책들에 오직 그들의 주장만을 실어 주었습니다. 이렇게 억울한 경우가 또 어디 있겠습니까!

따라서 나는 그들의 대표라고 할 수 있는 이그나티우스에 대해 허위 사실 유포와 명예 훼손으로 인한 정신적 피해의 손해 배상을 청구하고자 합니다.

입증 자료

- 중학교 역사 교과서
- 고등학교 세계사 교과서
  그 외 자료 추후 제출하겠음.

위 청구인 트라야누스
역사공화국 세계사법정 귀중

기독교와 로마 문화는 왜 충돌했을까?

1. 기독교의 확산은 어떤 문제를 일으켰을까?
2. 기독교는 미신일까?
3. 기독교는 윤리적인 종교일까?

기독교의 확산은
어떤 문제를 일으켰을까?

"이그나티우스 주교님이 소송을 당하셨다고? 하늘 아래 한 점 부끄러움 없는 분이 대체 무엇을 잘못했다고 그러는 거야? 말도 안 돼!"

"뭐가 말이 안 돼? 털어서 먼지 안 나는 사람 없다잖아. 어딘가 구린 데가 있나 보지."

"무엇 때문에 소송을 당했는지는 몰라도, 난 여전히 그분의 팬이야. 처형장에 끌려가서 사자 앞에 섰을 때에도 흔들리지 않으셨잖아."

"자자, 조용히 하세요!"

조용히 하라는 법정 경위의 말에 배심원과 방청객은 일제히 입을 다물고 판사를 쳐다보았다.

검은 법복을 입은 판사가 사람들이 가장 잘 내려다보이는 가운데 의자에 앉았다. 재판정을 한번 훑어보던 판사는 원고 트라야누스와 피고 이그나티우스를 번갈아 살펴보고는 말을 시작했다.

판사　원고 측 변호인, 오늘의 사건은 무엇입니까?

김딴지 변호사　네, 판사님. 이번 사건은 로마 제국이 기독교를 박해한 것에 관한 겁니다. 원고 트라야누스는 로마 제국의 황제였습니다. 그는 훌륭하고 인자한 통치자였고, 능력도 대단해서 로마 제국의 영토를 최대로 넓혔습니다. ▶그래서 학자들은 트라야누스를 다섯 명의 훌륭한 황제, 즉 **오현제**(五賢帝) 가운데 한 명이라고 부릅니다. 그럼에도 불구하고 어떤 사람들은 트라야누스를 포악한 야만인, 정신 나간 미치광이로 생각하고 있습니다. 죄 없는 기독교 신자들을 사자의 밥으로 던져 주고, 스스로 신이라고 주장하면서 황제 숭배를 강요했다고 비난하면서요.

그러나 원고 트라야누스에 따르면 그는 죄 없는 사람을 사자의 밥으로 던져 줄 만큼 포악한 사람이 아니며, 주제넘게 자신이 신으로 숭배받을 생각을 한 적이 없었다고 합니다. 오히려 진짜 비난받아야 할 사람은 이그나티우스와 같은 기독교 신자입니다. 그들은 로마법을 어기며 온갖 악행을 저질렀고, 로마의 **미풍양속**을 해치는 것도 모자라 로마 제국의 질서를 어지럽혔습니다. 그럼에도 불구하고 교과서나 여러 책들에는 오직 기독교 신자들만 두둔하는 이야기가 실려 있는데, 이는 이그나티우스와 같은 기독교 지도자들이 기독교 신자들을 시

주교
기독교의 지도자로 대개 큰 도시마다 한 명씩 주교가 있어요. 모든 주교들을 대표하는 사람이 바로 교황이랍니다.

오현제
로마 제정 시대 최전성기에 가장 유능했던 다섯 명의 황제를 가리키는 말로, 네르바, 트라야누스, 하드리아누스, 안토니누스 피우스, 마르쿠스 아우렐리우스를 이릅니다.

미풍양속
아름답고 좋은 풍속이나 기풍을 말합니다.

교과서에는

▶ 1세기 말에서 2세기에 로마에는 오현제가 잇달아 나타나게 됩니다. 그리고 이때를 이른바 '로마의 평화 시대'라고 부르지요.

켜서 허위 사실을 퍼뜨렸기 때문입니다. 이에 트라야누스는 이그나티우스에 대하여 허위 사실 유포 및 명예 훼손으로 인한 정신적 손해 배상을 청구합니다.

김딴지 변호사가 트라야누스가 이그나티우스에게 소송을 건 이유에 대해 설명하자, 재판정이 술렁거렸다. 트라야누스의 주장을 믿을 수 없다는 눈치였다. 사람들은 서로 귓속말로 속닥거렸다.

판사 조용히 하세요! 먼저 원고 트라야누스는 본인 소개를 간단히 해 주십시오.

트라야누스 안녕하십니까, 나는 트라야누스입니다. 이번 재판의 원고이며, 저기 앉아 있는 이그나티우스에게 소송을 제기한 사람입니다.

트라야누스의 당당한 표정에 방청객들 가운데는 뻔뻔하다며 욕을 해대는 사람들도 있었다. 그러나 트라야누스는 그런 것에 익숙하다는 듯이 조금도 당황하지 않고 계속 자신의 말을 이어 갔다.

트라야누스 나는 기원후 53년에 에스파냐에서 태어났습니다. 에스파냐는 당시 로마 제국의 속주(屬州), 즉 이탈리아 반도 밖에 있는 로마의 영토였지요. 나는 청년 시절 로마군에 입대하여 정말 용감하게 싸웠습니다. 누군가가 앞장서야 하거나 또 희생해야 할 일이 생기면 나는 주저하지 않고 늘 선두에 섰습니다. 덕분에 병사들의 신망을 얻었고, 황제의 눈에 띄어 장군이 되었지요. 그리고 네르바 황제께서 돌아가셨을 때 그의 뒤를 이어 로마 제국의 황제가 되었습니다. 이탈리아 반도가 아니라 속주에서 태어났는데도 황제가 된 사람은 내가 처음이었지요.

김딴지 변호사   원고는 그야말로 맨땅에서 일어나 황제의 자리까지 오르셨군요.

트라야누스   역사를 통틀어 자수성가한 사람 중에서 그 누구도 나를 따라오진 못할 거요. 시골에서 태어나 로마 제국의 황제가 된다는 것이 좀 어려운 일이겠습니까?

나는 또한 로마 제국의 모든 황제 가운데 단연 최고라고 자부합니다. 나는 법과 원칙을 바로 세우는 데 힘썼고 가난한 자, 힘없는 자를 돌보았으며, 억울한 자의 원통함을 풀어 주었습니다. 그리고 ▶수차례 원정을 단행하여 제국의 영토를 최대로 넓혔지요. 나 혼자 망상에 빠져서 하는 헛소리라고요? 황제들에게 인색하기로 유명했던 원로원도 나의 통치에 감명받아 나에게 '최고 통치자(optimus princeps)'라는 칭호를 부여해 주었을 정도였지요.

판사   재판 시간은 정해져 있습니다. 원고, 지나친 자기 자랑은 삼가세요.

김딴지 변호사   판사님, 그럼 제가 원고를 대신해서 한 가지만 더 말씀드리겠습니다. 영국의 위대한 역사가 에드워

네르바 황제
로마 제국의 제12대 황제입니다. 오현제 중 첫 번째 황제이지만 재위 기간이 짧아 별다른 업적이 없습니다. 군대의 지지를 얻기 위해 트라야누스를 양자로 삼았습니다.

원로원
로마의 최고 권력 기구로, 높은 관직을 지낸 사람들로 구성되었어요. 원로원은 국가의 중대사에 대해서 의견을 제시했고, 외교 및 재정 분야를 관장했지요. 황제가 나라를 다스리던 제정 시대에는 법을 만드는 권한인 입법권을 장악했으며, 국가의 절반에 대한 통치권도 가지고 있었답니다.

교과서에는

▶오현제 시대에는 로마 제국의 영토가 최대로 넓어지고 강한 군사력과 법률로 평화를 유지했습니다.

드 기번은 원고의 전임 황제인 네르바 황제의 최대 업적이 "트라야누스를 후임 황제로 삼은 것이다"라고 말했습니다. 네르바 황제도 로마 제국의 오현제 가운데 한 분인데, 그분의 업적이 트라야누스를 황제로 뽑은 것이라고 하니 원고가 얼마나 대단한 인물인지 짐작하시겠지요?

판사　잘 알겠습니다. 그러면 원고는 왜 피고 이그나티우스가 로마 사회에 혼란을 불러왔다고 하는 겁니까?

　판사가 말을 마치기가 무섭게 원고 측의 김딴지 변호사가 밝은 표정으로 말했다.

에드워드 기번
영국의 역사가로 『로마 제국 쇠망사』라는 유명한 책을 썼답니다. 1776년에 1권이 출판되었고, 1788년에 총6권으로 완간된 이 책은 로마 제국에 대해 쓴 책으로 지금까지 널리 읽히고 있지요. 나폴레옹을 비롯한 수많은 사람들이 이 책으로부터 영감을 받았다고 하니 대단하지요? 또 이 책은 근대 역사학의 발전에도 크게 기여했다는 평가를 받고 있답니다.

김딴지 변호사　네. 그 이유는 이그나티우스가 사악한 미신을 전파하면서 사람들을 혼란스럽게 했기 때문입니다. 그는 가난하고 아는 것 없는 선량한 사람들에게 접근하여 영원한 생명을 얻으려면 예수를 믿어야 한다고 선전했습니다. 사실 원고는 피고의 그런 행동이 얄밉기는 했지만 그 정도는 크게 문제 될 것이 없다고 생각했습니다.

판사　그렇다면 무엇이 문제였나요?

김딴지 변호사　이그나티우스는 로마법에서 금지하고 있는 마술을 보여 주며 병자를 고치고 죽은 자를 살릴 수 있다고 주장하고, 밤에는 신자들끼리 모여서 누구도 용납할 수 없는 기이한 행동을 일삼았지요. 심지어 로마 전통 종교를 비판하면서 로마인이 섬기는 신에게 제사를 드리지 못하게 하고, ▶황제에게 절하는 것을 우상 숭배라고 비난하면서 금지했습니다. 그것은 사회의 질서를 어지럽히며, 황제에 대항한 것이므로 반란이나 마찬가지였습니다. 그런데 그렇게 큰 죄를 저질러 놓고도 원고에게 모든 죄를 뒤집어씌우다니, 이게 말이 나 됩니까!

이대로 변호사　이의 있습니다, 판사님. 원고 측 변호인은 아무런 증거도 없이 피고 이그나티우스를 범죄자로 몰아가고 있습니다.

판사　받아들입니다. 원고 측 변호인은 감정적인 말은 자제해 주세요.

김딴지 변호사　피고 측이 뭔가 찔리는 게 있는 모양이군요. 사실 피고의 죄가 워낙 많다 보니 어디에 초점을 맞추어야 할지도 쉽지 않군요. 먼저 피고 측이 로마의 전통 종교를 존중하지 않았다는 항목부터 살펴보겠습니다. 존경하는 판사님, 당시 로마에서 일했던 조각가 데메트리우스를 증인으로 불러 주십시오.

판사　네, 받아들입니다. 증인 데메트리우스는 나와서 선서해 주세요.

데메트리우스　선서. 나, 데메트리우스는 진실만을 말할 것을 맹세합니다.

교과서에는

▶ 기독교는 황제에 대한 숭배를 거부했기 때문에 로마 당국으로부터 심한 박해를 당하게 되었습니다.

김딴지 변호사가 데메트리우스에게 다가가 그를 쳐다보면서 물었다.

김딴지 변호사　증인은 로마 시대 **에페소스**에서 **아르테**

미스 여신의 조각상을 만들어 팔았다고 들었습니다. 그런데 기독교 신자들 때문에 피해를 많이 입었다면서요?

데메트리우스   말도 마십시오. 기독교 신자였던 사도 바울이라는 자가 사람의 손으로 만든 것은 신이 아니라고 주장하면서 아르테미스 여신에 대한 숭배를 못 하게 했습니다. 그 때문에 많은 사람들의 마음이 변해서 아르테미스 여신의 신전을 찾지 않게 되었고, 조각상을 팔아 생계를 잇던 나와 동료들이 굶어 죽게 되었지요.

김딴지 변호사   그러니까 기독교 신자들이 교회에 모여서 조용히 예배만 보는 것이 아니라 다른 사람들을 꼬드겨서 아르테미스 여신 숭배를 비난했다는 것이지요?

데메트리우스   예, 맞습니다. 그들은 아르테미스 여신 숭배뿐만 아니라 다신교에서 행하고 있는 모든 신앙을 우상 숭배라며 비난했습니다.

김딴지 변호사   존경하는 판사님, 그리고 배심원 여러분, 바로 이 점입니다. 기독교 신자들은 오로지 기독교만이 진리라고 주장하면서 다른 종교를 전혀 존중하지 않았습니다. 그들은 다른 신을 믿는 로마인에게 우상을 숭배한다며 비난했고, 무지한 사람들을 꾀어 전통적인 신앙을 버리도록 했습니다.

이대로 변호사   이의 있습니다. 원고 측 변호인

아르테미스 여신상

에페소스
소아시아 서해안에 있던 고대 도시랍니다. 기원전 620년에 건립된 아르테미스 신전은 이곳의 대표적인 유적이지요.

아르테미스 여신
그리스 신화에 나오는 처녀 사냥꾼으로 산과 들에서 사슴을 쫓는 활의 명수라고 합니다. 아르테미스 여신의 상징물로는 곰과 사슴, 활과 화살, 초승달, 토끼가 있습니다.

은 지금 기독교의 정당한 선교 활동을 모독하고 있습니다. 어떤 종
교이든 자기의 종교를 알릴 권리가 있는 것입니다. 원고 측 증인인
데메트리우스가 그에게 피해를 입혔다고 주장한 사도 바울을 증인
석으로 불러 주십시오.

판사 네, 받아들입니다. 증인 바울은 나와서 선서를 해 주세요.

바울 선서. 나, 바울은 진실만을 말할 것을 맹세합니다.

이대로 변호사 안녕하세요. 이렇게 나와 주셔서 감사합니다. 먼저 간단하게 자기소개를 해 주시겠습니까?

바울 나는 원래 유대인으로 태어나서 유대교를 믿는 데 매우 열심이었습니다. 그런데 내가 청년이 되었을 때 우리 유대교의 틀을 근본적으로 부정하는 무리가 등장했습니다. 바로 기독교 신자들이지요. 그들은 유대교의 핵심이라고 할 수 있는 율법과 성전 제사를 부정했습니다. 그래서 나는 그들을 박해했습니다. 그러나 기원후 34년경 소아시아의 중심 도시인 다마스쿠스로 기독교 신자들을 잡으러 가다가 예수의 환영을 보았습니다. 그분이 나를 꾸짖었을 때 나는 내가 잘못된 일을 하고 있다는 것을 깨달았습니다. 그 후 나는 기독교 신자가 되었고 온 세상에 기독교를 전파하기 위해서 선교 여행을 다녔습니다. 소아시아와 그리스 일대에 여러 교회를 지었지요.

이대로 변호사 네, 잘 들었습니다. 증인은 기독교 최고의 선교사로 유명하지요. 혹시 증인이 선교를 다닐 때 폭력을 쓰거나, 다른 사람을 괴롭힌 적이 있었나요?

바울 전혀 없습니다. 나는 노동을 해서 먹고살았고 다른 사람에게 음식이나 돈을 요구하지 않았습니다. 그리고 다른 종교를 믿는 사람에게 폭력을 휘두르거나 종교를 바꾸라고 강요한 적도 없었지요.

이대로 변호사 그런데 원고 측 증인으로 나온 데메트리우스는 당신의 말에 넘어가서 아르테미스 여신 숭배를 그만둔 사람이 많았다고 증언했습니다. 그것은 어떻게 된 일입니까?

유대교
유대인이 믿는 종교입니다. 유일신으로 야훼를 믿으며 스스로 하느님에게서 선택받은 민족이라 여겼지요. 또한 메시아가 도래할 것을 믿었지요.

율법
하느님이 모세를 통해 이스라엘인에게 주었다고 하는, 생활과 행위의 규범을 말합니다. 유대교인이라면 꼭 지켜야 할 규칙들이라고 볼 수 있지요.

바울   그것은 아주 단순한 일이었습니다. ▶내가 예수께서 부활함으로써 인류에게 구원의 희망을 제시했다는 **복음**을 전하자 많은 사람이 다신교를 버리고 기독교를 믿게 되었기 때문입니다.

복음
'복된 소식'이라는 뜻으로 예수 그리스도의 가르침을 말합니다.

이대로 변호사   존경하는 판사님, 그리고 배심원 여러분, 여기 증인 바울은 다른 종교를 믿는 사람에게 폭력을 쓰거나 거짓말로 유혹하지 않았습니다. 단지 그의 순수한 선교 활동에 마음이 흔들린 사람들이 기독교를 믿기로 결정한 것이지요. 이렇게 선교 활동을 펼친 것이 과연 잘못된 것일까요?

심기가 불편한 듯 얼굴을 찌푸리고 있던 김딴지 변호사가 책상을 탁 치고 일어서며 소리쳤다.

김딴지 변호사   판사님! 이쯤에서 제가 피고 측 증인에게 질문해도 되겠습니까?

판사   네, 그렇게 하십시오.

김딴지 변호사   증인 바울은 분명 폭력을 쓰거나 거짓말로 유혹하지 않았다고 말했습니다. 그러나 증인은 다신교의 조각상을 우상 숭배라고 비난하며, 다신교를 믿는 사람을 만날 때마다 괴롭히지 않았습니까? 또한 마케도니아의 도시인 필리피(빌립보)에 신기한 능력을 가진 여자가 있었는데, 그때 증인은 그녀가 귀신이 들렸다며 비난하지 않았

교과서에는

▶ 로마 제국 초기에 로마의 지배를 받았던 유대인은 자신들을 구원해 줄 구세주의 출현을 고대하고 있었습니다. 이때 예수가 나타나 유대교의 선민사상과 형식적인 율법주의를 거부하고, 민족과 신분을 뛰어넘는 사랑과 믿음을 통한 영혼의 구원을 주장했지요.

습니까? 증인 때문에 그 여자는 신기한 능력을 잃어버리고 더 이상 돈을 벌 수 없게 되지 않았나요?

바울　사람의 손으로 만든 조각상이 어떻게 신이 될 수 있겠습니까? 그래서 나는 그런 조각상을 믿는 것은 우상 숭배이니 안 했으면 좋겠다고 말했던 것뿐입니다. 그리고 그 여자는 엉터리 점을 치면서 사람들에게 돈을 뜯어내고 있었어요. 그녀에게서 점치는 귀신을 쫓아낸 것은 많은 사람들을 위해 유익한 일이 아니겠습니까?

김딴지 변호사　증인은 결코 반성하는 법이 없군요. 증인의 생각이 틀렸을지도 모른다는 생각은 해 보지 않았습니까? 증인의 생각에는 다신교가 우상 숭배일지 몰라도 그것을 믿는 사람들에게는 숭고한 것입니다. 다른 사람이 중요하게 생각하는 것을 거리낌없이 비난하는 행위는 잘못된 것 아닙니까? 결국 증인을 비롯한 기독교 신자들이 선교를 핑계 삼아 로마의 전통 문화인 다신교를 공격하고 다녔기 때문에, 여기저기서 기독교 신자와 로마 시민 사이에 충돌이 일어난 것입니다.

왜 로마 제국은 기독교를 박해했을까?

기독교는 미신일까?

바울 김딴지 변호사는 내가 다신교를 비난했기 때문에 기독교 신자와 로마 시민 사이에 충돌이 일어났다고 생각하는군요. 그렇지만 나는 미신에 빠져서 잘못된 길로 가고 있는 로마 시민을 그대로 내버려 둘 수 없었습니다. 그들이 영원히 타락 속에서 고통받으며 살아갈 것을 알고 있었기 때문이지요. 나는 단지 진리를 전하려는 마음뿐이었습니다. 선교를 통해서 돈이나 명예를 얻으려는 생각은 전혀 없었습니다. 오히려 두들겨 맞고, 감옥에 갇히는 등 온갖 박해를 받았을 뿐이지요.

김딴지 변호사 증인이 고생했다는 사실만으로 증인의 행위가 정당했다고 할 수는 없습니다. 사실, 증인이 고생하게 된 이유는 다신교를 미신이라고 비난하고, 다신교 신자들을 우상 숭배자라고 비판

재판 첫째 날 | 기독교와 로마 문화는 왜 충돌했을까?   ● 41

했기 때문 아닙니까?

이대로 변호사   이의 있습니다. 원고 측 변호인은 증인의 선교 활동을 모독하고 있습니다.

판사   예, 받아들입니다. 원고 측 변호인은 증인에게 예의를 갖추고 말씀하십시오.

이대로 변호사   존경하는 판사님, 그리고 배심원 여러분, 당시 고대의 종교가 비이성적이고, 비합리적이며, 어리석기 짝이 없다는 것은 온 세상이 다 아는 사실입니다. 돌이나 나무를 깎아서 온갖 신의 모형을 만들어 놓고, 거기에 절하며 복을 비는 것을 보세요! 증인은 그런 어리석음에 빠져 있는 사람들을 계몽하여 진리의 길로 이끌고자 했을 뿐입니다.

트라야누스가 믿었던 고대의 다신교를 어리석은 미신이라고 비난하자, 김딴지 변호사의 얼굴이 붉으락푸르락해지더니 이내 언성을 높였다.

김딴지 변호사   미신이라니요! 자신이 신이라고 여기는 분의 모형을 만들어 놓고 거기에 고민을 털어놓고 도움을 청하는 것이 왜 미신입니까? 판사님, 피고 측 변호인의 황당한 주장에 대해 제가 한 말씀 드려도 되겠습니까?

판사   허락합니다. 단, 흥분을 좀 가라앉히고 말씀하세요.

김딴지 변호사　네, 알겠습니다. 피고 측 변호인의 생각과 달리 ▶로마인은 이성적이고 합리적인 사람들이었습니다. 그들은 거대한 법전을 만들고 수많은 철학서를 썼으며, 실용적인 기술을 발전시켜 거대한 경기장, 목욕탕, 도로와 **수도교**를 지었습니다. 그런 사람들이 믿었던 신앙을 어떻게 미신이라고 비난할 수 있습니까?

로마의 수도교

이대로 변호사　판사님, 원고 측 변호인의 주장은 근거가 부족합니다. 로마인이 실용적인 기술을 발전시켰다는 것은 저도 인정합니다. 하지만 경기장이나 도로를 잘 만든다고 해서 미신을 믿지 않았다는 주장은 틀린 것입니다. 요즘에도 똑똑한 사람들이 이상한 사이비 종교를 믿는 경우를 많이 볼 수 있지 않습니까?

김딴지 변호사　허, 그것참, 답답하네요. 이대로 변호사에게 오히려 물어보고 싶군요. 기독교 신자가 로마인의 행동을 미신이라고 비난할 자격이 있는지 말이에요. 기독교 신자들은 신이 인간의 모습으로 태어났고, 처녀가 아이를 낳았으며, 심지어는 죽은 사람이 다시 살아났다고 믿고 있지 않습니까? 이렇게 비상식적인 일들을 믿는 기독교야말로 미신이 아닙니까?

이대로 변호사　허허, 그것참. 기독교를 미신이라고 하는

수도교
로마는 영토가 넓어지고 인구가 늘어나면서 물 사용량이 급격히 늘어났습니다. 그래서 부족한 물을 근처 산에서 끌어오기 위해 수도교를 건축했지요. 수도교는 계곡의 깊이에 따라 1~3층으로 쌓았고, 중력을 분산시키는 아치 구조를 이용하여 하중을 잘 견딜 수 있게 하였지요. 물이 흐르는 수로는 수도교 위층에 콘크리트로 연결되어 높은 곳에서 낮은 곳으로 흐르게 했고, 다른 층들은 사람과 말이 지나다녔답니다.

교과서에는

▶ 로마는 정복한 지역의 곳곳에 도시를 세우고 이를 도로로 연결했습니다. 그리고 이 도시에 콜로세움, 개선문, 공중목욕탕 등 거대한 건축물들을 세웠지요.

타키투스
기원후 1~2세기에 활동했던 로마의 역사가예요. 그가 쓴 책으로는 『역사』, 『연대기』, 『게르마니아』 등이 있지요.

수에토니우스
로마 제국 초기에 활동한 역사가입니다. 쓴 책으로는 『황제전』이 있습니다.

건 김딴지 변호사 혼자만의 생각이 아닐까요?

김딴지 변호사　　이것은 제 개인적인 생각이 아닙니다. 건전한 이성을 갖춘 훌륭한 로마인의 생각이지요. 가령 『게르마니아』라는 훌륭한 작품을 쓴 타키투스에 대해서 다들 아시지요? 그는 기독교를 '매우 위험한 미신'이라고 말했습니다. 또한 로마 시대의 유명한 역사가 수에토니우스도 기독교를 '새롭고 사악한 미신'이라고 말했어요. 예나 지금이나 건전한 이성을 갖춘 사람이 보면 기독교는 정말 엉터리 소리를 믿는 종교입니다. 그게 미신이 아니면 대체 뭐겠습니까?

이대로 변호사 아니, 김딴지 변호사는 도대체 무엇을 믿고 20억 명이 넘는 사람들이 믿고 있는 기독교를 미신이라고 함부로 말하는 것입니까? 판사님, 김딴지 변호사가 말하는 미신이 도대체 무엇인지 이해할 수가 없습니다. 논리적인 설명 없이는 저뿐만 아니라 이곳에 계신 분들 모두가 납득할 수 없을 것입니다.

판사 김딴지 변호사, 조금 더 자세히 설명해 보세요.

김딴지 변호사 좋습니다. 이대로 변호사가 이성적으로 대응을 하니까, 저도 차분하게 말씀드리겠습니다. 저는 종교적인 내용을 가지고 미신인지 아닌지 판단해서는 안 된다고 생각합니다. 어떤 종교에서는 진리라고 믿는 것이 다른 종교에게는 미신으로 여기는 경우도 있으니까요. 가령 기독교는 예수가 처녀에게서 태어났다고 하는데, 이를 불교나 힌두교의 관점에서 본다면 미신입니다. 거꾸로 불교는 사람마다 전생이 있고 사람이 죽으면 다시 태어나 윤회한다고 하는데 기독교의 입장에서 보면 이것 역시 미신입니다. 따라서 저는 종교의 내용을 문제 삼는 것은 어리석은 일이라고 생각합니다.

판사 그럼, 김딴지 변호사가 생각하는 미신의 기준은 뭔가요?

김딴지 변호사 네. 저는 미신의 첫 번째 기준은 신을 이유 없이 두려워하는 것이라고 생각합니다. 자기가 모시는 신을 너무나 두려워한 나머지 일상생활을 정상적으로 하지 못하고, 늘 신을 달래야 한다고 생각한다면 이것은 미신입니다. 가령 자신의 생업을 포기하고

윤회
생명이 있는 모든 것은 죽고 다시 태어나 생이 반복된다는 불교 사상입니다.

신이 좋아할 것이라며 매일 소를 잡아서 신에게 제사 드리는 사람이 있다면 그는 미신에 빠진 것이지요.

두 번째는 신에게 과도하게 의지하는 것입니다. 자신이 해야 할 일은 하지 않고 모든 것을 신에게 해결해 달라고 한다면 이것 역시 미신입니다. 가령 병에 걸렸는데도 병원에 가지 않고 하루 종일 낫게 해 달라고 신에게 기도하는 경우가 여기에 해당되지요.

세 번째, 신의 뜻을 알아내거나 신을 만나기 위해서 비상식적인 행동을 하는 것입니다. 가령 신을 만나기 위해서 황홀경에 빠진 채 이상한 주문을 외운다거나, 상식적으로 이해할 수 없는 행동을 하는 것이 여기에 해당되지요.

이대로 변호사 판사님, 저는 원고 측 변호인의 주장에 동의할 수 없습니다. 김딴지 변호사는 신앙의 내용은 전혀 문제 삼지 않고, 신앙의 형식이나 방법만을 문제 삼고 있습니다. 그러나 가장 먼저 살펴보아야 할 것은 역시 신앙의 내용입니다. 가령 어떤 사람이 사자가 우주에서 최고의 존재라고 주장하며 날마다 사자에게 기도하고 사자를 만나는 일을 중요한 의식으로 설정했다고 생각해 봅시다. 사자가 비록 동물의 왕이지만 날마다 빈다고 해서 이루어지는 것이 있겠습니까? 혹은 사자가 인생의 어떤 심오한 진리를 이야기해 주겠습니까? 또한 사자에게 의식을 행한다고 사자 앞에 다가가면 어떻게 되겠습니까? 결국 아무것도 얻지 못한 채 사자 밥이 되고 말겠지요. 따라서 저는 신앙의 내용도 중요한 기준으로 삼아야 한다고 생각합니다.

왜 로마 제국은 기독교를 박해했을까?

판사 흠, 원고 측 변호인은 이에 대해 어떻게 생각합니까?

김딴지 변호사 판사님, 저는 피고 측 변호인의 주장에 동의할 수 없습니다. 신앙의 내용은 지극히 주관적인 것입니다. 가령 인도인은 소라는 가축에 여러 신이 살고 있다고 생각하여 소를 신성하게 여깁니다. 다른 종교를 믿는 사람들이 이것을 본다면 모두 미신이라고 할 것입니다. 그러나 인도인의 입장에서 보면 그것은 분명 존중받아야 할 성스러운 믿음일 것입니다. 이대로 변호사의 말처럼 신앙의 내용에 대해서 문제를 제기하기 시작하면 어떤 기준도 세울 수 없을 것입니다. 따라서 어떤 종교가 미신인지 아닌지는 '누가 무엇을 믿는가'가 아니라 '그 사람이 어떤 방식으로 종교 생활을 하는가'라고 생각합니다.

판사 알겠습니다. 지금 논의와 관련하여 원고 측 변호인에게 한 가지 물어보겠습니다. 김 변호사는 앞에서 여러 번 기독교가 '처녀가 아이를 낳는다', '사람이 부활한다'는 사실을 믿기 때문에 미신이라고 비난했는데요. 신앙의 내용을 문제 삼지 않는다고 주장하면서도, 왜 기독교의 내용에 대해 비난하는 것인가요?

김딴지 변호사 그것은 피고 측 변호인이 로마인이 믿는 다신교의 내용을 문제 삼아 미신이라고 주장했기 때문입니다. 만약 이대로 변호사가 다신교의 내용을 인정한다면 저도 '처녀 잉태설'이나 '예수 부활설'을 가지고 미신이라고 비판하지 않겠습니다.

이대로 변호사 절대 그럴 수 없습니다. 하늘 아래 진리는 오직 하나뿐입니다. 참 신앙도 하나뿐이지요. 오직 기독교만이 참된 진리입니다. 그렇지만 논의의 진행을 위해 일단 원고 측 변호인의 주장이 맞다고 가정해 봅시다. 과연 기독교의 어떤 부분을 가지고 미신이라고 하는지 들어 보고 싶군요.

판사 원고 측 변호인, 기독교를 미신으로 규정하는 이유를 설명해 주세요.

김딴지 변호사 판사님, 무엇보다도 기독교인은 이상한 주문을 외우면서 기적을 행할 수 있다고 주장합니다. 병이 들어도 스스로 고칠 생각을 하지 않고 종교 지도자에게 주문을 외워 달라고 요구합니다. 심지어 사람이 죽어도 장사를 지내지 않고 이상한 주문을 외우면서 살아날 것이라고 주장합니다. 그들이 주장한 대로 예수가 신의 아들이라 부활했다고 칩시다. 그런데 그 후에도 여러 사람이 죽었다가 살아났다고 주장하니 이성을 가진 사람이라면 이런 걸 듣고 어찌 미신이라고 생각하지 않겠습니까?

이대로 변호사　　그건 김딴지 변호사가 기독교를 잘 몰라서 하는 소리입니다. 기독교인이 믿는 신은 우주의 일을 맡아보는 최고의 존재입니다. 못 하는 것이 하나도 없으시지요. 그분의 특별한 은총을 받은 사람 역시 기적을 행할 수 있습니다. 그러나 그런 사람은 매우 적어요. 또 기적은 꼭 필요할 경우에만 아주 드물게 일어납니다. 그래서 기독교에서는 일반 신자들에게 기적에 의존하지 말고 성실하게 살라고 가르치고 있습니다. 다시 말해서 김딴지 변호사는 소수의 특수한 사례를 일반화해서 모든 기독교 신자들이 그런 것처럼 이야기하고 있는 것이지요.

김딴지 변호사　　그래요? 그런 기적을 믿는 것이 소수의 사례라고요? 믿을 수 없습니다. 지금도 기독교 신자들 중에는 교회에 가면 병을 고칠 수 있다고 말하는 사람이 많습니다. 그래도 이대로 변호사가 소수의 사례라고 말하니 그렇다고 칩시다. 그럼 기독교 신자들이 흥분 상태에 빠져서 이상한 주문을 외우는 것은 뭡니까? 기원전 82년에 **코르넬리우스 법**이 제정된 이래 로마에서는 알아들을 수 없

코르넬리우스 법
기원전 82년 로마를 통치했던 루키우스 코르넬리우스 술라의 주도로 만들어진 법으로 마법을 행하고 주문을 외우는 것을 금지했답니다. 이후 로마는 이 법에 따라서 종교적으로 주문을 외우면서 기도하는 자들을 탄압하곤 했지요.

는 주문을 외우는 것은 마술을 하는 것이라 하여 금지했습니다. 어떻게 국법을 어기고도 아무런 잘못을 하지 않았다고 뻔뻔하게 말할 수 있는지 모르겠습니다.

이대로 변호사 기독교 신자들이 주문을 외운다니, 정말 뚱딴지같은 소리를 하는군요. 그럼 기독교의 최고 지도자였던 이그나티우스에게 한번 물어볼까요? 판사님, 피고에게 이 문제를 직접 물어봐도 되겠습니까?

판사 좋습니다. 피고 이그나티우스는 질문에 답변해 주세요.

왜 로마 제국은 기독교를 박해했을까?

이대로 변호사 질문에 앞서 피고 이그나티우스에게 간략한 자기소개를 부탁드리겠습니다.

이그나티우스 나는 소아시아의 시리아 지방에서 태어났습니다. 아주 어릴 적에 예수님을 직접 만났고, 예수님의 제자인 베드로와 요한에게서 기독교에 대해 배웠습니다. 어른이 되어서는 기독교 신자들이 많이 살았던 안티오키아에서 주교가 되었습니다. 주교가 되기 위해서는 기독교의 교리에 정통해야 되고, 또한 신앙이 두터워야 하지요. 그만큼 나는 정말 헌신적으로 일했습니다. 그리고 여기 원고인 트라야누스가 기독교를 박해했을 때 로마로 잡혀가 순교했지요.

이대로 변호사 예수님을 직접 만났고, 베드로와 요한에게 배운 기독교 최고의 지도자이니 기독교에 대해서 모르는 것이 없겠군요? 그렇다면 하나 묻겠습니다. 원고 측 변호인은 당시 기독교 신자들이 주문을 외웠다고 하는데요. 이건 무슨 소리죠?

이그나티우스 내가 로마 법정에 끌려갔을 때, 재판관이 다짜고짜 왜 주문을 외웠느냐고 묻더군요. 나는 주문을 외운 적이 없다고 말했습니다. 그랬더니 재판관이 어떤 사람을 증인으로 불러왔습니다. 예전에 기독교를 믿었다가 배반한 사람인데 그 사람이 우리가 부르는 찬송가를 주문이라고 말했더라고요. 당시에 다신교 신자들은 다른 사람이 알아들을 수 없는 이상한 소리, 가령 '비비디 바비디 부', '아브라카다브라'와 같은 주문을 외우면서 소원을 빌거나, 심지어 다른 사람에게 해를 가하려고 했습니다. 반면 우리의 찬송가는 단지 성스러운 하느님을 찬양할 뿐, 그것을 통해서 무엇을 빈다거나 다른 사람에게 해를 끼치지 않았습니다.

이대로 변호사　　김딴지 변호사 잘 들으셨지요? 이그나티우스의 증언처럼 기독교 신자들은 주문을 외우지 않습니다. 단지 오해를 받았을 뿐이라고요!

김딴지 변호사　　이그나티우스와 같은 지도자들은 그렇게 해명하겠지요. 아무려면 찬송가와 주문을 구별하지 못하겠습니까? 제가 조사한 바로는 일부 기독교 신자들은 찬송가인지, 주문인지 알 수 없는 이상한 것을 외우면서 소원을 빌곤 했습니다. 듣자 하니 기독교 신자들은 그것을 방언이라고 부른다더군요.

판사　　방언이라고요? 피고 측 변호인, 방언이 무엇입니까?

이대로 변호사　　아, 방언 말인가요? 그것은 하느님과 직접 소통할 때 쓰는 언어입니다. 기독교 신자와 하느님이 소통할 때 악마가 방해하는 것을 막기 위한 특별한 언어이지요. 기독교 신앙을 이해하지 못하는 사람들은 그것을 기이한 소리라고 여길 것입니다. 그러나 그것은 정상적인 신앙 행위의 하나이지요.

김딴지 변호사　　어쨌든 다른 사람은 아무도 알아듣지 못하는 언어를 극도의 흥분 상태에서 마구 뱉어 내는 것은 사실 아닙니까? 그런 종교 행위는 미신입니다.

이대로 변호사　　김딴지 변호사는 종교의 내용이 매우 주관적이기 때문에 내용 면에서 미신인지 아닌지를 판단하기 힘들다고 그랬지요? 그것은 형식에서도 마찬가지입니다. 다양한 형식 중에는 이성적

　　왜 로마 제국은 기독교를 박해했을까?

으로 설명하기 곤란한 것도 있습니다. 내용을 합리적으로 설명하기 곤란하다면서 어떻게 형식은 모두 합리적으로 설명하려고 그러십니까? 방언을 한다고 해서 다른 사람에게 어떤 해를 끼치는 것은 아니잖아요. 또한 방언을 하는 사람의 생활이 정상적인 범위를 벗어나는 것도 아니지요. 따라서 방언은 정상적인 신앙 활동의 일부로 보아야 합니다.

김딴지 변호사 존경하는 판사님, 그리고 배심원 여러분, 지금 피고 측 변호인이 한 말을 잘 기억해 주십시오. 그는 기독교의 내용은 물론 형식 가운데서도 일반인으로서는 이해하기 힘든 요소가 있다는 것을 본인 스스로 분명히 인정했습니다! 기독교는 이렇게 미신이었을 뿐만 아니라 비윤리적인 종교였습니다. 기독교가 단란한 가정을 파괴하기도 했지요. 이를 입증하기 위해서 로마의 평범한 시민인 막시무스를 증인으로 신청합니다.

판사 허락합니다. 증인 막시무스는 나와서 증인 선서를 해 주십시오.

기독교는
윤리적인 종교일까?

김딴지 변호사는 증인 막시무스에게 다가가 가볍게 인사를 한 후 질문을 시작했다.

김딴지 변호사 증인으로 나와 주셔서 감사합니다. 간단하게 자기소개를 해 주시겠습니까?

막시무스 나는 **안토니누스 피우스 황제** 시절에 로마에 살던 평범한 시민이었습니다. 큰 부자는 아니었지만 성실하게 일해서 남부럽지 않게 단란한 가정을 꾸미고 살았습니다. 아이도 여러 명 두었고요.

김딴지 변호사 그렇게 평화롭던 증인의 가정이 기독교 때문에 깨졌다면서요? 무슨 일이 있었나요?

안토니누스 피우스 황제
138년부터 161년까지 재위했던 로마 제국의 황제로 오현제 중 네 번째 황제입니다. 피지배인의 번영을 위하여 노력하는 등 평화롭게 로마를 다스렸습니다.

막시무스　　이것참, 그 이야기를 하자니 또 화가 나네요. 글쎄 내 아내가 기독교 신자들의 꼬임에 빠져서 교회에 나가기 시작하더니, 어느 날 내게 이혼장을 보내고는 집을 나가 버렸지 뭡니까? 기독교라는 종교가 생기지만 않았어도 그런 일은 없었을 것입니다. 얌전하고 온순했던 여자가 정신을 잃었어요.

김딴지 변호사　　참으로 안타까운 일입니다. 당시 로마에는 그런 일이 많았나요?

막시무스　　글쎄요. 정확하게는 모르지만 상당히 있었을 겁니다. 기독교가 생기기 이전에는 종교적인 문제로 가정이 깨지는 일은 없었어요.

막시무스의 증언을 듣고 있던 이대로 변호사가 흥분해서 자리에서 벌떡 일어섰다.

이대로 변호사　　판사님, 증인에게 제가 질문해도 되겠습니까?

판사　　허락합니다.

이대로 변호사　　증인, 정말로 증인에게 아무런 잘못이 없었는데도 부인이 이혼장을 보냈습니까? 당신이 부인에게 폭력이나 위협을 가했던 것은 아닌가요? 당시 기독교에서는 신자가 된 여성에게 남편이 개종하지 않더라도 이혼하지 말라고 가르쳤습니다. 그러나 다신교 남편들이 아내의 종교 생활을 이해하지 못하고 폭력적으로 억압하는 경우에는 이를 피하기 위해 어쩔 수 없이 이혼을 하는 경우는

있었습니다.

막시무스   나는 폭력을 행사하지는 않았습니다. 하지만 아내의 행동은 도저히 용납할 수 없었지요. 우리를 지켜 주는 신들에게 바친 고기를 먹지 않겠다며 같이 식사하기를 거부하질 않나, 예배에 참석하겠다며 새벽같이 집을 나가 버리질 않나……. 그래서 아내에게 싫은 소리를 많이 하긴 했어요. 그렇지만 우리 로마인의 법에 따르면 가장인 내가 가정의 모든 것을 책임지고 관리할 권한이 있습니다. 아내는 무슨 경우에라도 내 말을 따라야 하지요.

이대로 변호사   증인은 자신의 행동이 정당하다고 변명하고 있습니다. 그러나 종교를 선택할 자유는 인간이 누려야 할 신성한 권리입니다. 증인이 그것을 짓밟았기 때문에 증인의 아내가 이혼장을 제출한 것 아니겠습니까?

김딴지 변호사 이의 있습니다. 피고 측 변호인은 지금 아무런 증거도 없이 증인을 죄인처럼 위협하고 있습니다.

판사 인정합니다. 피고 측 변호인은 주의해 주기 바랍니다.

이대로 변호사 예, 조심하겠습니다.

김딴지 변호사 그럼, 제가 계속 변론을 이어 가겠습니다. 조금 전, 종교의 자유가 존중되어야 한다는 피고 측 변호인의 말을 부정하지는 않겠습니다. 그러나 기독교의 경우 사정이 다릅니다. 뒤에서 자세히 살펴보겠지만 기독교는 당시 불법 종교였습니다. 판사님, 그리고 배심원 여러분, 여러분 가정에 누군가가 사이비 불법 종교를 믿는다면 가장으로서 말리지 않을 사람이 있겠습니까? 기독교 신자들은 자신들의 종교가 불법 종교로 규정되었다는 것을 알면서도 선교 활동을 계속했습니다. 그들의 선교 방법도 참으로 비열하기 짝이 없었습니다. 그들의 선교 활동에 대해서 알아보기 위해서 당시 철학자였던 켈수스를 새로운 증인으로 모시고 싶습니다.

판사 허락합니다. 켈수스는 나와서 증인 선서를 해 주십시오.

켈수스 나, 켈수스는 진실만을 말할 것을 맹세합니다.

김딴지 변호사가 반갑게 인사를 하고 켈수스 앞으로 다가갔다.

왜 로마 제국은 기독교를 박해했을까?

김딴지 변호사   먼저 간단한 자기소개를 부탁드립니다.

켈수스   나는 2세기 후반에 살았던 로마의 시민입니다. 그리스 철학과 동방의 종교에 대해서 해박한 지식을 갖추고 있었기 때문에, 많은 사람들이 나를 철학자라고 불렀지요.

김딴지 변호사   아, 그러니까 기독교 박해가 한참일 때 사셨군요. 그런데 기독교에 대해서 할 말이 많다고 하셨는데요. 기독교의 어떤 점이 특별히 마음에 안 드셨나요?

켈수스   기독교는 아주 사악한 종교입니다. 사람들 사이를 분열시키는 종교예요. 기독교 신자들은 건전한 이성을 갖춘 훌륭한 사람에게는 선교 활동을 하지 않았습니다. 그들은 주로 어린아이들과 여자들을 선교 대상으로 삼아 은밀한 곳으로 데려가서는, 자신들이 최고의 능력과 지식을 갖추고 있다는 거짓말을 늘어놓았지요. 그러다 어린아이들과 여자들이 그들의 꾐에 빠졌다고 느끼면 이내 본색을 드러냈습니다. 그들을 낳아 준 부모나 그들을 가르친 선생이 무지하고, 어리석고, 나쁜 일을 일삼으며, 잡소리만을 늘어놓는다고 가르치는 것이지요. 오직 자기들이 섬기는 신만이 참된 신이고, 오직 자기들만이 참 진리를 알고 있으므로, 부모나 선생의 말을 듣지 말라고 말입니다.

김딴지 변호사   아, 그렇군요. 예나 지금이나 기독교 신자들의 오만과 독선은 끝이 없군요. 오직 자기들만이 옳다고 주장하면서 부모와 스승을 무시하라고 가르치다니 정말 파렴치한 사람들입니다. 그리고 조금만 생각해 본다면 기독교 신자들이 역사적으로 씻을 수 없는

카르포크라테스
2세기경 그리스 알렉산드리아에서 태어난 그는 플라톤의 영향을 받아 신앙 지상주의를 발전시켰지요. 그는 순수한 사람은 과거를 회상하고 가장 높은 신으로 합일(合一)하려 하며, 죄를 지은 영혼은 죽은 뒤에도 갖가지의 육체로 윤회하나 속죄만 하면 신앙과 사랑으로 구제를 받는다는 학설을 주장하여 니스틱 파를 설립하였지요. 이 니스틱 파를 그의 이름을 따서 카르포크라테스 파라고도 부른답니다.

중상모략
사실을 왜곡하거나 속임수를 써 남을 해롭게 하여 명예를 손상시키는 일을 말합니다.

죄를 지었다는 것을 알 수 있습니다. 콜럼버스가 신대륙을 발견한 이후 기독교를 믿는 백인들은 수백만 명의 인디언을 학살했지요. 오늘날도 세계에서 기독교 신자가 가장 많기로 유명한 미국의 범죄율이 세계에서 가장 높은 수준입니다. 로마 시대에도 그랬을 겁니다. 대부분 기독교 신자들의 가치관은 오로지 종교에 의해서 결정되었으니까요. 그들에게 다른 사람, 다른 문화를 존중해야 한다는 생각은 전혀 없었습니다. 오로지 기독교만이 진리이고 다른 모든 종교는 거짓이라고 생각했으니까요.

이대로 변호사 이의 있습니다. 지금 원고 측 변호인은 기독교 신자를 모독하고 있습니다.

판사 받아들입니다. 원고 측 변호인은 종교를 비방하는 단어의 사용을 자제하십시오.

김딴지 변호사 알겠습니다. 증인에게 또 묻겠습니다. 증인은 기독교의 악행에 대해서 또 들은 것이 있습니까?

켈수스 네, 있고말고요. 그들은 밤에 몰래 모여서 난잡한 행동을 일삼았어요. 기독교 지도자인 **카르포크라테스**라는 자는 예수가 "달라는 모든 사람에게 주라"고 가르쳤다며, 저마다의 아내를 원하는 모든 사람에게 내주라는 괴상한 말을 했다고 합니다.

이대로 변호사 이의 있습니다. 증인은 아무런 증거도 없이 기독교를 **중상모략**하고 있습니다.

켈수스 이보세요, 피고 측 변호인. 나는 로마의 최고 지식인입니다. 나는 내가 직접 들은 이야기를 하는 거예요. 증거요? 그럴 줄 알고 여기 증거를 가지고 왔습니다. 나와 같은 시대에 살았던 사람으로 기독교의 최고 지도자 중 한 명이었던 이레나이우스가 『이단들을 반박하며』라는 작품을 썼는데, 그는 분명 기독교 신자들 가운데 그런 일을 한 사람이 있다고 썼지요. 자, 여기를 보시지요.

켈수스가 넘겨준 증거를 한참 읽고 있던 이대로 변호사가 반격을 가하기 위해서 말문을 열었다.

이대로 변호사   이런 해괴망측한 일이 어떻게 기독교 신자들 사이에서 일어날 수 있겠습니까! 도저히 믿을 수 없습니다. 자세히 보니, 이 책에는 영지주의를 신봉하는 일부 신자들이 그런 짓을 했다고 되어 있군요. 영지주의는 이미 오래전부터 이단으로 규정된 사악한 교파입니다. 그들의 가르침은 우리 정통 기독교의 가르침과 너무나 다릅니다. 우리 정통 기독교에서는 도덕과 관련된 모든 면, 그중에서도 특히 성적(性的)인 면에서 매우 정숙하게 살라고 강조하고 있습니다.

켈수스   당신의 말은 믿을 수 없습니다. 그들은 분명 자신들이 기독교 신자라고 말했습니다. 그들이 기독교의 일파인 것은 확실하다고요!

『이단들을 반박하며』
2세기경 기독교 내에는 여러 이단들이 있었어요. 이단이란 한 종교를 믿는 사람들 중 정통 교리에 크게 벗어나는 주장을 하는 이들을 정통인 사람들과 구분해 부르는 말이지요. 기독교의 지도자인 이레나이우스는 그들 중 특히 영지주의자들의 주장을 반박하는 책을 썼는데 그 책이 바로 『이단들을 반박하며』랍니다.

영지주의
정통 기독교에서 이단으로 간주한 기독교의 한 교파로, 여기서 영지는 신령스런 지식을 의미해요. 영지주의자들은 자신들이 예수 혹은 하느님으로부터 직접 신령스러운 지식을 전수받았다고 주장했지요. 그들은 인간의 진정한 실체는 영혼이며, 육체는 영혼을 가두고 있는 감옥에 불과하다고 이야기했답니다. 이렇게 육체를 가볍게 여기는 태도는 두 가지 상반된 결과를 가져왔는데요. 영지주의자 가운데 일부는 극단적인 금욕을 택했어요. 그들은 육체가 요구하는 모든 욕구를 철저히 부정함으로써 영적 자아에 다가갈 수 있다고 믿었지요. 다른 일부는 온갖 방탕한 일들을 저질렀는데 그들은 육체가 무의미한 것이기에 육체적 방탕이 영혼에 아무런 영향을 끼치지 않는다고 믿었지요.

신봉
사상이나 학설, 교리 따위를 옳다고 믿고 무조건 받드는 것이지요.

이대로 변호사　　그들 스스로가 기독교 신자라고 했다는 것은 부정하지 않겠습니다. 그러나 정통 기독교는 이단으로 규정한 자들과 어울리지 않았어요. 소수의 이단이 한 행동을 전체 기독교 신자에게 뒤집어씌우는 것은 명백한 잘못입니다.

켈수스　　소수라니요? 도대체 소수라는 기준이 뭔지 모르겠군요. 당신이 말하는 영지주의자들은 당시 기독교 내에서 꽤 세력이 강력했던 것으로 알고 있어요.

이대로 변호사　　그렇기는 하지만 결국 그들은 3세기 이후에는 세력이 매우 약해졌어요. 정통 기독교가 그들을 이단으로 규정하고 맞서 싸웠기 때문이죠.

　　켈수스와 이대로 변호사가 긴 논쟁을 하고 있는 것을 가만히 지켜보고 있던 김딴지 변호사가 자리에서 일어났다.

김딴지 변호사　　기독교 신자들이 난잡한 행동을 했다니 아주 흥미로운 이야기로군요. 그렇게 사악한 짓을 해 놓고도 자기들과 무관한 사람들이라고 발뺌하다니 피고 측은 정말 무책임합니다. 기독교 신자들은 그들을 이단으로 규정했을지 모르지만 외부인의 눈으로 봤을 때 그들도 똑같은 기독교 신자에 불과합니다.

　　존경하는 판사님, 그리고 배심원 여러분, 기독교 내에는 수많은 종파가 있습니다. 외부인 가운데서 그것을 제대로 구분할 수 있는 사람이 얼마나 되겠습니까? 이는 로마 시대에도 마찬가지였습니다.

　　왜 로마 제국은 기독교를 박해했을까?

기독교 내에서 상당한 세력을 갖고 있던 영지주의자들이 비도덕적인 행동을 했을 때 로마인이 기독교 신자를 비도덕적인 집단으로 인식하는 것은 너무나 당연한 일이 아니겠습니까?

판사　원고 측 변호인의 주장에 일리가 있네요. 기독교 신자가 아니면 이단을 구별해 내기가 쉽지 않겠지요.

김딴지 변호사　그렇습니다. 그렇기 때문에 로마인에게는 기독교 신자들이 가정을 파괴하고, 사회 질서를 어지럽히며, 비윤리적인 행동을 일삼는 사람들로 보였습니다. 더욱이 기독교 신자들은 밤에 은밀히 모여 주문을 외우거나, 극도의 흥분 상태에서 이상한 말을 하곤 했지요. 그것은 로마법으로 금지하고 있는 것으로, 정상적인 사람의 눈으로 보면 사악한 미신이었습니다. 그래서 로마 제국의 질서와 안녕을 책임지고 있던 트라야누스가 기독교를 불법 종교로 규정할 수밖에 없었던 것이지요.

이대로 변호사　이의 있습니다! 원고 측 변호인은 일방적으로 편파적인 주장을 펼치면서 기독교를 모독하고 있습니다!

판사　기각합니다. 지금 원고 측 변호인은 지금까지 그가 했던 말을 정리했을 뿐입니다. 그의 말이 얼마나 진실에 가까운지는 배심원이 결정할 것입니다.

　자, 시간이 다 되었군요. 오늘 재판은 기독교의 확산이 로마 사회에 어떤 문제를 일으켰는지, 그리고 로마인이 기독교를 왜 미신 혹은 비윤리적인 종교라고 파악했는지를 살펴보았습니다. 오늘 논의한 것들은 배심원과 제가 결정을 내리는 데 중요한 자료로 이용될 것입니다. 이제 시간이 되었으므로 첫 번째 재판은 이것으로 마치겠습니다.

땅, 땅, 땅!

왜 로마 제국은 기독교를 박해했을까?

로마인이 숭배했던 신들

로마인은 원래 모든 지역, 모든 물건을 관장하는 신이 있다고 생각했답니다. 가령 문을 관장하는 신은 야누스로, 고대 로마인은 문에 앞뒤가 없다고 생각하여 두 개의 얼굴을 가지고 있는 것으로 여겼어요. 그래서 오늘날까지 두 얼굴을 지닌 모습에 빗대어 이중적인 사람을 '야누스 같다'고 하지요. 로마 중심부에 있던 야누스 신전의 문은 평화로울 때는 닫혀 있고 전쟁 중에는 열려 있었다고 하며, 영어에서 1월을 뜻하는 'January'는 '야누스의 달'을 뜻하는 라틴어 'Januarius'에서 유래했답니다.

이외에 꽃을 관장하는 신인 플로라, 열매를 관장하는 신 포모나, 토지의 경계를 관장하는 신 테르미누스, 가정을 관장하는 신 라레스 등 많은 신이 있었는데요. 로마인은 이들에게 작은 예물을 바치고 기도를 했지요.

기원전 3세기에 로마와 그리스가 활발하게 교류하면서 로마에 그리스의 12신이 소개되자, 로마인은 이를 받아들여 열심히 그리스의 신을 숭배했어요.

그럼, 로마인이 숭배했던 12신의 이름(그리스식 / 로마식)과 특징을 알아볼까요?

제우스 / 유피테르   하늘과 땅의 신으로 신들의 왕이지요. 헤라와 결혼하였고 벼락을 무기로 사용하는 신이에요.

헤라 / 유노   제우스의 누이이며 부인이랍니다. 결혼의 신으로 결혼한 여자들을 보호해 준다고 하지요.

아테나 / 미네르바 제우스의 딸이며, 지혜의 신이지요. 용감한 처녀 신으로 도
　　시와 가정을 수호한답니다.

아레스 / 마르스 제우스의 아들이며, 전쟁의 신이지요. 로마인은 그들의 시조
　　인 로물루스와 레무스가 이 신의 후손이라고 주장했어요.

헤파이스토스 / 불카누스 제우스의 아들이며, 불과 대장간의 신입니다.

아프로디테 / 베누스 사랑과 미의 여신이에요.

아폴론 / 아폴로 제우스의 아들이며, 빛과 음악, 예언의 신이지요.

아르테미스 / 디아나 제우스의 딸이며, 사냥과 달의 신입니다. 젊은이들의 수
　　호신으로 쌍둥이 형제인 아폴론처럼 은 화살로 사냥을 하지요. 처녀 신으
　　로 순결을 상징하면서 동시에 출산을 관장하는 신이랍니다.

헤르메스 / 머큐리 제우스의 아들이자 심부름꾼이에요. 신들 가운데서 가장
　　재빠르다고 하지요.

포세이돈 / 넵투누스 제우스의 형제로 바다의 신입니다. 제우스 다음으로 힘
　　이 세답니다. 포크처럼 생긴 삼지창이 그의 상징이지요.

데메테르 / 케레스 곡물 또는 대지의 여신입니다.

헤스티아 / 베스타 화덕의 여신이며 가정의 수호신입니다.

　　　왜 로마 제국은 기독교를 박해했을까?

다알지 기자

시청자 여러분 안녕하세요? 역사공화국에서 누구보다 빠르게 뉴스를 전해 드리는 법정 뉴스의 다알지 기자입니다. 오늘은 트라야누스 대 이그나티우스의 재판 첫째 날이었는데요. 원고 측에서는 세 명의 증인을 내세워 기독교가 로마 제국의 미풍양속을 무너뜨리며 가정까지 파괴하는 사악한 미신에 불과했다고 강력히 주장했습니다. 피고 측에서는 이러한 원고 측의 주장을 잘 막아 냈는데요. 특히 사도 바울을 증인으로 신청해, 기독교인은 무력으로 종교를 강요한 적이 없었으며 선교 활동의 순수성에 대해서 의문을 제기하지 말라고 주장했습니다. 또한 기독교는 미신이 아니었다고 정면으로 반박하기도 했지요. 그럼 원고 측과 피고 측의 변호사를 만나 볼까요?

김딴지 변호사

제가 증인 켈수스가 가져온 이레나이우스라는 기독교 지도자의 책을 내밀 때 이대로 변호사의 표정 보셨어요? 완전 사색이 되어 버리더군요. 세상에 그런 책이 있다는 것을 아는 사람은 몇 명 되지 않아요. 이번 재판을 준비하면서 기독교와 로마 제국의 관계, 기독교의 발전, 로마 제국의 종교 정책 등에 대해서 폭넓게 조사하던 중, 발견한 책이었지요. 그런데 오늘 무엇보다도 기쁜 것은 기독교가 비윤리적인 종교였다는 것을 알린 것입니다. 일반적으로 사람들은 기독교에서 이웃을 목숨같이 사랑하라고 가르치지 않느냐며, 그런 가르침을 받은 기독교인을 착하고, 성실하고, 윤리적으로 생각하고 있습니다. 그런데 오늘 재판에서 그런 생각은 편견에 불과하다는 것을 알려 주었지요. 기독교인들은 로마의 문화를 무너뜨리는 미신 추종자에 불과했다니까요!

이대로 변호사

오늘 재판에서 원고 측 변호인이 워낙 준비
를 많이 해서 상당히 힘들었습니다. 원고 측에서
는 영지주의자들을 예로 들며 기독교가 비윤리적인
종교라고 주장했는데 사실 그들을 기독교 신자라고 불러서는 안 됩니
다. 그들은 기독교의 기본적인 교리를 전혀 믿지 않으니까요. 예수의
가르침을 자기들 멋대로 해석하고, 자기들만이 진리를 아는 체하는 자
들은 참된 기독교 신자가 아닙니다. 자기들만의 힘으로는 사람들을 끌
어 모을 수 없으니까 기독교라는 겉옷을 입은 것뿐이지요. 그런데 불
행하게도 이런 이단들은 늘 존재해 왔습니다. 지금도 수많은 이단이
존재하고요. 이들의 나쁜 행실 때문에 기독교 전체가 비난받는 것은
참으로 불행한 일이지요. 하지만 기독교는 절대로 미신이 아닙니다!

로마 제국의 기독교 박해는 어떻게 진행되었을까?

1. 로마의 기독교 박해는 언제 시작되었을까?
2. 로마는 왜 황제 숭배를 강요했을까?
3. 로마의 박해는 얼마나 강력하게 진행되었을까?

1

로마의 기독교 박해는
언제 시작되었을까?

판사　자, 두 번째 재판을 시작하도록 하겠습니다. 지난번 재판에서는 로마인이 기독교를 미신이자 사회 질서를 위협하는 해로운 종교로 여겼다는 것을 살펴보았습니다. 오늘 재판에서는 로마 제국의 기독교 박해가 언제부터 시작되었고, 또 어떻게 진행되었는가에 대해서 살펴볼 것입니다. 그럼, 오늘은 피고 측 변호인이 먼저 변론을 시작해 볼까요?

이대로 변호사　네, 알겠습니다. 판사님, 재판을 원활하게 진행하기 위해서 기독교가 로마로 뻗어 나가는 과정과 로마의 기독교 박해에 대해 먼저 살펴보는 것이 어떻겠습니까?

판사　좋은 생각이군요. 피고 측 변호인, 설명해 주세요.

이대로 변호사　네. 지난번 재판 때 원고 측 변호인은 로마인이 기

72　왜 로마 제국은 기독교를 박해했을까?

독교를 미신이자 사회 질서를 위협하는 종교로 보았다고 주장하면서, 마치 그로 말미암아 기독교 박해가 시작된 것처럼 주장했습니다. 그러나 로마 제국의 기독교 박해는 기독교 신자의 잘못으로 시작된 것이 아닙니다. 세계를 정복한 로마인이 독선과 오만에 빠져 선량한 사람에게 잔인한 폭력을 가한 것입니다.

김딴지 변호사　이의 있습니다. 피고 측 변호인은 아무런 증거도 없이 로마 제국을 야만적인 국가로 몰아가고 있습니다.

판사　받아들입니다. 피고 측 변호인은 증거에 근거해서 변론을 진행하세요.

이대로 변호사　알겠습니다. 초기 로마 제국의 황제 가운데 네로라는 인물이 있었습니다. 로마의 제5대 황제인 네로는 역사상 가장 잔인무도한 통치자였습니다. 어머니와 아내, 그리고 스승인 세네카를 죽이고, 마음대로 행동하다가 황제 자리에서 쫓겨난 인물이죠. 그가 통치하고 있던 시절인 기원후 64년, 로마에 큰 화재가 발생했습니다. 그런데 이 정신 나간 황제는 불을 끄는 것에는 신경을 쓰지 않고 로마가 불타는 장면이 아름답다며 노래를 불렀습니다.

김딴지 변호사　이의 있습니다, 판사님. 피고 측 변호인은 지금 이번 재판과 관련 없는 이야기를 하고 있습니다. 네로 황제가 잔인한 통치자였다는 것이 기독교와 무슨 관계가 있다는 거죠?

이대로 변호사　이게 다 오늘 재판과 관련 있는 이야기라서 하고 있는 것 아닙니까. 판사님, 조금만 더 들어 주십시오.

판사　이의를 기각합니다. 다만 피고 측 변호인은 좀 간략하게 설명해 주세요.

이대로 변호사   알겠습니다. 로마의 화재 이후 정신 나간 네로 황제가 불을 질렀다는 소문이 퍼져 나갔습니다. 그 소문이 사방으로 퍼져 나가자 로마 시민이 폭동을 일으키려고 했습니다. 이에 깜짝 놀란 네로는 희생양을 찾기 시작했고 기독교 신자들이 불을 냈다며, 기독교 신자들을 잡아들이기 시작했습니다. 그리고 잔인하게 신자들을 죽였습니다. 기독교 신자들에게 짐승의 가죽을 씌워 개들과 싸우게 했고, 나무에 묶어 화형을 시키기도 했습니다. 이때 초기 기독교의 가장 위대한 지도자였던 베드로와 바울이 죽임을 당했다고 알려져 있습니다. 재판도 없이 그렇게 많은 사람을 잔인하게 죽인다는 것은 정말 야만적인 행위입니다. 로마 제국의 기독교 박해는 로마의 이런 야만성 때문에 시작된 것입니다.

이대로 변호사의 변론을 듣고 있던 김딴지 변호사는 변론 내용을 이미 예상했다는 듯 태연한 표정을 지으며 천천히 자리에서 일어나 말하기 시작했다.

김딴지 변호사   판사님, 그리고 배심원 여러분, 네로의 박해에 대해서 가장 자세한 기록을 전한 사람은 지난 재판에서도 말씀드린 바 있는 로마의 역사가 타키투스입니다. 먼저 타키투스의 『연대기』에 나오는 내용을 살펴보면 좋겠습니다. 준비한 자료를 보아 주십시오.

왜 로마 제국은 기독교를 박해했을까?

네로는 여러 가지로 최대한 노력하고, 백성에게 많은 선심을 쓰고, 신들을 달래는 제사를 지냈음에도 불구하고 그가 화재를 일으켰다는 의심을 잠재우지 못했다. 따라서 네로는 이 소문을 잠재우기 위하여 여러 악행을 저질러서 백성의 미움을 받고 있던 기독교 신자들에게 죄를 뒤집어씌우고, 특별히 고안해 낸 형벌로 처벌하였다. (……) 죄가 있다고 고발당한 모든 사람이 체포되어, 많은 사람이 도시에 불을 질렀다는 이유뿐만 아니라 인간을 혐오한다는 이유로 유죄 판결을 받았다. 그들은 온갖 모욕을 받으며 사형에 처해졌다. 억지로 짐승의 가죽을 뒤집어씌우고 개에게 던져져서 찢겨 죽거나, 십자가형에 처해지거나 혹은 화형에 처해졌다. 밤이 되자 화형대가 밤을 밝히는 역할을 했다. 네로는 그의 앞뜰을 구경거리를 제공하는 장소로 만들었고, 서커스 경기장에서도 공연을 펼쳤다. 그 자신이 전사의 복장을 하고 사람들과 어울렸으며, 전차를 몰았다. 사람들 사이에 동정의 여론이 일었다. 비록 기독교도들이 당연히 처벌받아야 할 범죄자들이었지만 그들의 처형이 공공의 이익을 위한 것이 아니라 네로의 잔혹성을 충족시키기 위한 것이었기 때문이다.

김딴지 변호사　　자료를 잘 읽어 보면 이대로 변호사의 말이 대부분 틀리지 않았다는 것을 알 수 있습니다. 기원후 64년에 발생했던 기

검투사의 치열한 시합과 전투 경기가 이루어졌던 콜로세움

독교 박해는 네로 황제라는 미친 사람에 의해서 일어났습니다. 저
는 그 사실을 부인하지 않겠습니다. 그러나 우리는 이 사실에 주목
해야 합니다. 네로라는 미친 사람에 의해서 박해가 시작되었다면
그가 제거된 뒤에는 어떻게 되겠습니까? 바로 박해가 멈춰야 하겠
지요. 어느 나라, 어느 시대에나 네로와 같은 정신 나간 지배자는 있
기 마련입니다. 로마에도 좋은 황제가 있었고, 나쁜 황제도 있었습
니다. 비록 네로라는 나쁜 황제로 인해서 기독교 신자들이 고난을
당한 것은 유감스러운 일이지만 그것은 로마의 야만성과는 전혀 관
련이 없습니다.

판사　　그럼 기독교 박해의 책임이 누구에게 있다는 것입니까?

김딴지 변호사　　한 가지 강조하고 싶은 것은 비록 네로가 미친 사람이기는 했지만 기독교 신자들의 평판이 좋았다면 그의 희생물이 되지는 않았으리라는 것입니다. 자료를 보면 아시겠지만 타키투스는 분명 기독교 신자들이 온갖 나쁜 짓을 저질러서 사람들의 미움을 사고 있었고, 그 때문에 네로의 표적이 되었다고 말했습니다. 이는 네로가 박해를 하지 않았다고 할지라도 머지않아 로마의 다른 지배자가 기독교를 박해했으리라는 것을 암시합니다.

김딴지 변호사의 변론을 들은 이대로 변호사는 분노에 가득 찬 얼굴로 자리에서 일어나 반론했다.

이대로 변호사　　죄 없이 희생된 기독교인을 모독하지 마세요! 설령 그들이 사악한 행동을 했다 하더라도, 어떻게 재판도 없이 그렇게 잔인한 처벌을 가할 수 있습니까? 이것은 로마 문화의 잔인성을 보여 주는 확실한 증거입니다. 네로가 기독교 신자들을 박해할 때 로마 시민은 그런 잔인한 모습을 보고 방관하거나, 심지어는 환호했습니다. ▶사실 그들은 날마다 검투사 경기장에 가서는 검투사들이 그의 동료와, 그리고 동물들과 싸우는 장면을 보는 걸 즐겼던 사람들 아닙니까? 역사상 그렇게 끔찍한 장면을 보면서 환호하고 즐거워했던 사람들은 로마인밖에 없었습니다.

김딴지 변호사　　이의 있습니다. 피고 측 변호인은 본 재

교과서에는

▶ 로마가 팽창하면서 로마 시민들의 생활은 점점 사치스러워졌습니다. 부자들은 크고 멋진 집에서 연회를 벌이며 자신의 부를 자랑했고, 시민들은 전차 경주나 검투 경기를 보면서 쾌락에 빠져들었습니다.

왜 로마 제국은 기독교를 박해했을까?

판과 관련 없는 이야기를 하며 로마인을 야만인으로 몰아가고 있습니다.

판사 기각합니다. 검투사 경기와 기독교 박해가 직접적인 연관은 없지만, 기독교 신자들이 검투 경기 방식으로 처벌되었기 때문에 관련이 있다고 판단됩니다.

이대로 변호사 존경하는 판사님, 그리고 배심원 여러분, 누군가 죄를 지었다면 당연히 처벌을 받아야 합니다. 그러나 재판도 없이 처형해서는 안 됩니다. ▶더군다나 죄수라고 해서 사자와 싸우게 하다니요. 이게 말이나 됩니까! 로마인은 그렇게 죄인을 사자와 싸우게 하고, 죄수가 피를 토하면서 죽는 장면을 보며 환호했던 야만인이었습니다. 그런 야만적인 종족이었기에 네로에 그치지 않고 정신 나간 사람들이 연달아 황제가 된 것입니다.

김딴지 변호사   네로면 됐지, 또 누구를 정신 나간 황제라고 **딴죽**을 거시려는 겁니까?

이대로 변호사   김딴지 변호사도 로마 제국의 제11대 황제인 도미티아누스를 아시겠지요? 그 또한 기원후 95년, 광기에 사로잡혀 스스로 자신이 신이라고 주장하면서 자기를 숭배하지 않는 사람들을 처벌했습니다. 그뿐만 아니라 그는 자신을 '주님이자 하느님'이라고 부르도록 기독교인에게 강요했지요. 이때 많은 기독교 신자들이 그에게 굴복하기보다는 죽음을 택했습니다.

김딴지 변호사   이의 있습니다. 이대로 변호사는 이야기를 과장하고 있습니다. 도미티아누스 황제 시절에 기독교 박해가 있었는지 확실하지도 않거니와 기독교 박해가 있었다고 전하는 역사가들조차도 네로 때와는 달리 잔혹한 처벌이 별로 없었다고 이야기합니다. '교회사의 아버지'라 불리는 **에우세비우스**도 도미티아누스 시절에 어떤 잔혹 행위가 행해졌는지에 대해서는 전혀 이야기하지 않고, 오직 "도미티아누스 통치 15년에 **집정관**이었던 플라비우스 클레멘스의 조카

딴죽
이미 동의하거나 약속한 일을 하는 데 그 일과는 전혀 관계없는 일이나 행동을 하는 것을 비유적으로 이르는 말입니다.

에우세비우스
초기 기독교의 지도자입니다. 성서학·호교학·교회사·교의 신학 등 신학의 모든 영역에 걸쳐서 많은 글을 남겼지요. 주요 저서로 『교회사』 10권이 있습니다.

집정관
로마의 최고 관리로 행정을 담당했습니다. 임기는 1년이지요.

교과서에는

▶ 검투 경기의 투우사나 검투사는 대부분 살인이나 강도, 신성 모독, 폭동 등의 이유로 사형을 선고받은 사람들이었습니다.

인 플라비아 도미틸라와 다른 많은 사람들이 예수의 존재를 믿는다고 했기 때문에 폰티아 섬으로 추방당했다"라고만 기록했습니다. 만약 이때 잔혹 행위가 가해졌다면 에우세비우스처럼 기독교인의 순교에 대해 자세하게 기록하는 것을 좋아했던 사람이 기록을 남기지 않았을 리가 없지요.

판사 흠, 그렇지만 기록이 적다는 이유만으로 처벌이 별로 없었다고 주장하는 것은 무리가 아닐까요?

김딴지 변호사 그뿐만이 아닙니다. 이대로 변호사의 말을 그대로 받아들인다 해도, 네로의 경우와 같이 도미티아누스의 박해는 일회적인 것입니다. 그는 자신이 신이라는 망상에 사로잡혀서 엉뚱한 행동을 했지만, 도미티아누스 이후 로마에는 뛰어난 황제들이 등장합니다. 이른바 오현제, 즉 다섯 명의 현명한 황제들인데요. 그들은 건전한 이성과 덕을 갖춘 훌륭한 사람들이었고, 모범적인 통치자였습니다. 그중에 한 명이 바로 이 재판의 원고인 트라야누스입니다. 그는 기독교를 불법 종교로 규정했고, 그 이후 로마 제국의 기독교 박해는 지속되었습니다. 따라서 트라야누스의 박해야말로 로마 제국의 기독교 박해에 있어서 분수령이라고 할 수 있습니다. 그럼 그가 왜 기독교를 박해했는지 파악하기 위해서 **비티니아 폰토스** 지역의 총독이었던 플리니우스를 증인으로 신청합니다.

> **비티니아 폰토스**
> 로마 제국이 속주였던 이 지역은 로마에서 파견한 총독 플리니우스에 의해 다스려졌습니다. 제정기(帝政期)에는 기독교 포교의 중심지가 되었지요.

기독교를 박해한 로마의 황제들

1. 네로는 기원후 54년부터 68년까지 재위한 로마 제국의 제5대 황제입니다. 64년 로마에 기름 창고 사고로 큰 화재가 발생하여 민심이 흉흉해지자 기독교 신자들을 방화범으로 몰아 처형했습니다. 이 때문에 훗날 폭군으로 불리기도 했지요. 기록에 의하면 네로 황제의 기독교 박해 때 사도 바울이 로마에서 참수형을 당했다고 합니다.

2. 도미티아누스는 81년부터 96년까지 재위한 로마 제국의 제11대 황제입니다. 그는 로마 제국에 대한 시민들의 복종을 이끌어 내기 위해서 스스로를 '주님이자 하느님'이라고 부르게 했습니다. 기독교 신자들은 도미티아누스 황제의 우상화에 반대하다가 심한 박해를 받았습니다.

3. 트라야누스는 98년부터 117년까지 재위한 로마 제국의 제13대 황제입니다. 오현제 중의 한 사람으로 속주 출신으로는 처음으로 황제의 자리에 올랐습니다. 그는 기독교를 불법 종교로 선언했는데, 이것이 이후 로마 당국의 기독교에 대한 공식적인 입장이 되었습니다. 그는 고의적으로 기독교 신자를 색출하지 말 것, 익명으로 된 고발은 접수하지 말 것을 언급했습니다.

왜 로마 제국은 기독교를 박해했을까?

4. 데키우스는 249년부터 251년까지 재위한 로마 제국의 황제입니다. 250년 모든 시민에게 로마의 신을 경배하고 행정관이 보는 앞에서 신성한 제물을 바치라는 포고령을 선포했습니다. 그러나 기독교 신자들이 그의 명령을 거부하자, 제국 전역에 걸쳐서 이들을 수색, 박해했습니다.

5. 디오클레티아누스는 284년부터 305년까지 재위한 로마 제국의 황제입니다. 그는 군인 황제 시대의 혼란을 극복하고 로마의 중흥을 이루었는데, 로마인의 통합이 로마 중흥에 필수적으로 필요하다고 생각하여 303년에 기독교 신자들을 박해했습니다.

2

로마는 왜 황제 숭배를 강요했을까?

판사   증인 플리니우스는 나와서 증인 선서를 해 주십시오.

플리니우스   나, 플리니우스는 진실만을 말할 것을 맹세합니다.

김딴지 변호사   증인은 간략하게 자기소개를 해 주시겠습니까?

플리니우스   나는 로마의 명문 귀족으로 어릴 때부터 아버지의 훌륭한 교육을 받아 로마의 최고 지식인이 되었습니다. 특히 법률에 밝아서 열여덟 살에 이미 변호사 생활을 시작했지요. 나는 아프리카 총독과 에스파냐 출신의 행정관이 부정을 저지른 것에 대해 유죄 판결을 받아 내면서 큰 명성을 얻게 되었는데, 그 재판 이후 황제의 신임을 얻어 여러 중요한 관직을 두루 지내다가 기원후 112년에 비티니아 폰토스 지역의 총독으로 임명되었습니다. 트라야누스 황제께서는 그 지역의 행정이 원활하지 않으니 특별히 신경 쓰라고 하셨습니다.

김딴지 변호사   한마디로 로마의 최고 지도자이자 최고 지식인이 셨군요. 그런데 기독교 신자들을 왜 박해하셨나요?

플리니우스   비티니아 지역의 총독으로 임명되기 이전에 나는 기독교에 대해서 거의 몰랐습니다. 그런 신흥 종교가 있다는 소리를 한두 번 들어 본 정도였습니다. 그러니 기독교 신자를 박해할 생각 같은 것은 애초에 없었습니다. 그런데 총독으로 임명되어 가자 비니티아 지역의 사람들이 찾아와서 하소연을 하더라고요. 기독교 신자들이 사악한 행동을 하면서 미풍양속을 해치고, 사회 질서를 문란하게 만드니 처벌해 달라고 말이지요.

김딴지 변호사   그러니까 증인께서는 기독교 신자들을 박해할 생각이 전혀 없었는데 단지 비티니아 지역에 살던 사람들의 요청을 들어주었을 뿐이라는 것이군요.

플리니우스   정확히 그렇습니다.

김딴지 변호사   그래서 어떻게 하셨습니까?

플리니우스   나는 고발당한 기독교 신자들을 모두 체포한 후, 앞으로도 계속 기독교 신자라고 주장한다면 처벌하겠다고 위협했습니다. 그러나 이런 위협을 받고도 자신이 계속 기독교 신자라고 고집하는 어리석은 사람들이 있었어요. 그때 나는 그들이 믿는 신앙의 본질이 무엇이건 간에 그러한 반항적인 태도는 고쳐야 한다고 생각했습니다. 그래서 그런 고집스런 기독교 신자들을 모두 처형했습니다.

김딴지 변호사   그럼 기독교 신자들 중에서 풀려난 사람은 없었습니까?

플리니우스 　　　없긴요. 물론 있었습니다. 나는 고발당한 사람들 가운데 기독교 신자가 아니라고 주장하는 사람, 혹은 과거에는 기독교 신자였지만 이제는 아니라고 주장하는 사람들에게는 관용을 베풀었습니다. 물론 내가 낸 시험을 통과해야 풀려날 수 있었지만 말입니다.

김딴지 변호사 　　　시험이라고요? 그 시험이라는 것이 무엇입니까?

플리니우스 　　　그것은 바로 신들의 신상과 우리 황제의 조각상을 가져와서 그들에게 기원하도록 하고 포도주와 향을 가지고 종교적인 의례를 행하도록 하는 것이었지요. 그리고 그들이 믿고 섬기는 그리스도를 비난하도록 하는 것이지요. 어때요? 내 재치가 정말 뛰어나지 않습니까? 하하.

김딴지 변호사 　　　그러니까 당신은 기독교 신자들을 체포하러 다닌 것이 아니라, 오직 고소당한 기독교 신자를 신문했을 뿐이며, 그 사람들 가운데에서도 스스로 기독교 신자가 아니라고 주장하는 사람은 모두 풀어 주었다는 말씀이군요?

플리니우스 　　　정확히 그렇습니다.

김딴지 변호사 　　　그렇다면 기독교 신자들 가운데 이웃과 마찰을 일으키지 않아서 고발당하지 않는다면 어떻게 됩니까? 증인의 말대로라면 박해받을 걱정을 하지 않아도 되는 것 아닙니까?

플리니우스 　　　맞습니다. 고발당하지만 않는다면 당연히 그런 걱정은 할 필요가 없지요.

김딴지 변호사 　　　그런데 또 궁금한 것이 있습니다.

플리니우스 　　　그게 무엇이지요?

　　　왜 로마 제국은 기독교를 박해했을까?

김딴지 변호사   당신같이 교육을 많이 받은 뛰어난 관리가 기독교 신자들이 단지 기독교 신자라고 계속 고집했다는 이유만으로 처형했다는 것이 잘 이해가 되지 않습니다. 그들을 처벌해야만 했던 또 다른 이유가 있었던 것은 아닙니까?

플리니우스   맞습니다. 김딴지 변호사는 역시 나처럼 예리하시네요.

김딴지 변호사   별말씀을요.

플리니우스　우리 로마 제국은 사람들이 야간에 은밀히 모임을 갖는 것을 법으로 엄격하게 금지했습니다. 그뿐만 아니라 당시 비티니아 지역은 치안이 좋지 않았기 때문에 개인적으로 단체를 만드는 것도 법으로 금지했지요. 소방대처럼 불을 끄는 단체조차도 결성을 금지할 정도였으니까 말입니다.

김딴지 변호사　당시 로마 제국이 공공의 이익을 위한 소방대의 결성조차도 금지했으니, 얼마나 이 문제에 대해 민감했는지 알 수 있네요.

플리니우스　그렇습니다. 그런데 내가 기독교 신자들을 신문해 본 결과, 기독교 신자들은 정해진 날, 해가 뜨기 전에 함께 모여서 주문을 외우고 있었어요. 그것은 분명 로마의 법을 어기는 것으로 불법 단체를 결성한 죄에 해당되었습니다. 그러므로 그런 불법 단체의 구성원이라고 끝까지 주장하는 사람들을 그대로 살려 둘 수만은 없었지요. 내가 보기에 기독교는 말도 안 되는 미신인데 왜 그렇게 끝까지 고집을 피우는 건지 이해가 안 되었지요.

김딴지 변호사　그러니까 증인의 주장에 따르면 기독교 신자들이 로마법을 어겼다는 말씀이군요?

플리니우스　그렇습니다.

김딴지 변호사　존경하는 판사님, 그리고 배심원 여러분, 증인의 이 말을 주목해 주십시오. 당시 기독교 신자들은 로마의 법을 어겼습니다. 따라서 법을 집행하는 자로서 죄인을 처벌하는 것은 너무나 당연한 것이라고 할 수 있습니다. 그리고 증인에게 한 가지 더 묻겠습니다. 증인의 기독교 신자 처벌 방식이 이후 기독교에 대한 로마의

　왜 로마 제국은 기독교를 박해했을까?

행동 지침이 되었나요?

플리니우스   그렇습니다. 나는 기독교 신자들을 처벌한 후에 트라야누스 황제에게 이 모든 일을 보고했습니다. 전례가 없는 일이기에 황제께서 직접 판단을 내리셔야 한다고 생각했기 때문이었지요. 그때 황제께서는 이렇게 대답했습니다.

그러면서 플리니우스 총독은 주머니에 손을 넣어 꼬깃꼬깃 접힌 편지 한 통을 꺼내더니 읽어도 되겠느냐고 판사에게 물어본 후 편지를 읽어 나갔다. 그 편지는 트라야누스가 플리니우스에게 보낸 것이었다.

플리니우스에게

고발당한 기독교 신자들을 처벌함에 있어서 너는 합당한 절차를 밟았다. 그러나 보편적으로 적용할 수 있는 확고한 원칙을 세우기는 어렵다. 고발당하지 않은 자들을 처벌해서는 안 되며, 고발당하여 유죄 판결을 받은 경우에만 처벌해야 한다. 그러나 이 경우에도 주의해야 한다. 자신이 기독교 신자가 아니라고 주장하는 사람, 그리고 그가 예전에 기독교 신자였다고 해도 우리의 신에게 간청의 기도를 하는 사람은, 죄를 뉘우쳤기 때문에 용서해야 한다. 또한 그 어떤 경우라도 익명으로 고발하는 사람의 고소를 받아들여서는 안 된다. 그것을 허용하는 것은 나쁜 선례가 될 것이며 우리 로마의 정신과도 맞지 않다.

플리니우스　　이렇게 황제께서 내가 처리한 것이 옳다고 인정하셨기 때문에 그것은 칙령이 되었고, 이후 로마 제국은 이 칙령에 근거해서 기독교 신자들을 처벌했습니다.

김딴지 변호사　　잘 알겠습니다. 원고 트라야누스의 답변을 보니 매우 이성적이고 합리적이었다는 생각이 듭니다. 기독교 신자들을 일부러 찾아내지도 않았고, 익명으로는 고발하지도 못하게 했으니 매우 공정하지 않습니까?

　　김딴지 변호사의 변론을 듣고 있던 이대로 변호사가 대단히 억울하다는 표정으로 자리에서 일어나 말을 이었다.

이대로 변호사　　판사님, 원고 측 증인에게 질문해도 되겠습니까?

판사　　허락합니다.

이대로 변호사　　증인은 기독교 신자들을 박해한 행위가 정당한 법 집행이라고 했습니다. 그런데 제가 자료를 조사해 보니, 증인은 기독교 신자들의 범죄 행위를 찾기 위해서 무척 노력하셨더군요. 그러면 그들이 살인, 강도, 반역과 같은 죄를 지었던가요?

플리니우스　　아닙니다. 그들은 기독교라는 단체를 결성한 것 외에는 어떤 범죄도 저지르지 않았습니다. 오히려 자기들끼리 도둑질이나 강도, 반란과 같은 죄를 짓지 말고 착하게 살자고 맹세까지 했다더군요.

이대로 변호사　　또한 증인이 미신이라고 규정한 그 기독교가 어떤

사악한 것을 가르쳤는지 알아내려고 무척 애쓰셨지요? 알
아보신 결과 기독교가 사악한 것을 가르쳤던가요?

플리니우스　　당시 그들에 대한 나쁜 소문이 많았습니다.
이상한 음식을 먹는다거나 바람직하지 못한 행동을 일삼
는다는 등 말이 많았습니다. 그러나 조사해 보니 모두 **유언비어(流言**
蜚語)였습니다.

이대로 변호사　　지금 증인은 본인의 입으로 기독교 신자들이 윤리
적으로 살았으며, 그들에 대한 오해나 소문이 모두 거짓이었음을 증
언했습니다. 그렇다면 증인이 그들을 사형에 처했던 것은 매우 부당
해 보입니다. 그렇지 않습니까?

플리니우스　　그야…….

이대로 변호사　　증인의 말대로 기독교 신자들이 로마법에서 금지
하고 있는 야간 집회를 한 것은 사실입니다. 하지만 그 집회를 통해
서 반역을 계획하지 않았다는 것은 명확하지 않습니까? 반역을 하
려고 하지도 않았는데 어떻게 사형을 시킬 수 있습니까?

플리니우스　　그렇게 생각할 수도 있지요. 그러나 로마 제국의 이름
으로 그들의 행위가 잘못되었음을 인정하라고 했을 때, 그들은 조금
도 반성하지 않았습니다. 그것은 엄연히 국가 권력에 대한 전면적인
도전이지요. 그런 사람들은 언제 반란을 일으킬지 모릅니다. 그것이
바로 기독교 신자들이 저지른 가장 심각한 죄입니다.

이대로 변호사　　하지만 그것은 법의 기본적인 원칙을 무시한 것입
니다. 아무리 반성하지 않았다고 하더라도 죄를 지은 것에 대해서만

처벌해야지, 죄를 지을 가능성이 있다고 해서 처벌하는 것은 잘못된 것입니다.

김딴지 변호사　　이의 있습니다. 지금 피고 측 변호인은 유도 신문을 하고 있습니다.

판사　　인정합니다. 피고 측 변호인은 유도 신문을 삼가십시오.

이대로 변호사　　알겠습니다. 증인은 단지 야간에 모임을 가졌다는 이유만으로 기독교를 불법 종교로 규정하고 부당하게 처벌하였습니다. 그들은 전혀 반란을 일으킬 생각이 없었습니다. 그들이 로마 제국에 반대할 것이라는 주장은 순전히 증인의 오해에서 비롯된 것이지요. 또한 증인은 황제 숭배를 받아들이는지 거부하는지를 보고 로마 제국에 대한 충성도를 측정했습니다.

플리니우스　　로마를 지켜 주는 신들과 제국을 다스리는 황제에게 절하고, 의례를 행하는 것이 잘못인가요? 다른 모든 백성들은 기꺼이 그 의식을 받아들였습니다.

이대로 변호사　　다른 사람들이 모두 한다고 해서 기독교 신자들이 그런 의식을 따라 해야 하는 것은 아닙니다. 국가에 대한 애국심이 강해서 언제든지 충성을 바칠 각오가 되어 있는 사람이라고 할지라도 개인적인 양심에 따라서 할 수 없는 것이 있기 마련입니다. 사실 로마 제국은 그것을 잘 알고 있었지요. 그래서 유대인에게는 황제 숭배를 면제시켜 주지 않았습니까? 기독교는 유대교에서 유래했으며, 유대교와 같이 유일신을 믿었습니다. 그런데 왜 유대인은 유일신을 믿는다는 이유로 황제 숭배 의식을 면제해 주면서 기독교 신자

에게는 그것을 강요했습니까? 무언가 잘못된 것이 아닙니까?

플리니우스 유대인은 황제 숭배 의식을 면제받는 대신에 세금을 납부했지요. 그렇지만 기독교 신자들은 세금을 내지 않았어요. 그리고 무엇보다 유대인은 자기들끼리 별도의 공동체를 구성하고 살았습니다. 그들은 기독교인들처럼 사방에서 로마 시민과 어울려 살면서 로마의 종교를 비난하고, 이상한 미신을 퍼뜨리지는 않았습니다.

이대로 변호사 결국 증인은 기독교가 다신교에 기반을 둔 로마의 문화를 송두리째 흔들며 새로운 신앙을 퍼뜨리고 있다고 판단하고, 기독교가 계속 퍼져 나가는 것을 막기 위해서 기독교도를 죽이기로 결정했군요. 그들이 받아들일 수 없는 황제 숭배를 강요하면서요!

플리니우스 그렇게 생각할 수도 있지요. 내가 봤을 때 기독교 신자들은 로마의 적이었습니다.

이대로 변호사 존경하는 판사님, 그리고 배심원 여러분, 지금 플리니우스의 증언에서 알 수 있듯이 결국 로마 제국이 기독교를 박해했던 이유는 기독교라는 새로운 종교가 로마의 다신교 문화와 충돌했기 때문입니다. 로마 국가는 다신교를 보호한다는 명목으로 공권력을 이용하여 선량한 기독교도를 탄압했습니다. 그러나 로마 제국의 혹독한 박해 속에서도 기독교 신자들은 진리를 지키겠다는 신념 하나로 기꺼이 사자 밥이 되었던 것입니다.

왜 로마 제국은 기독교를 박해했을까?

로마의 박해는 얼마나 강력하게 진행되었을까?

3

이대로 변호사의 변론을 듣고 있던 김딴지 변호사가 심각한 표정을 지으며 자리에서 일어섰다.

김딴지 변호사   피고 측 변호인은 로마 제국이 기독교를 혹독하게 박해했다고 주장했습니다. 그러나 그 말은 거짓입니다. 플리니우스에게 보낸 트라야누스 황제의 편지에는 분명 기독교 신자를 일부러 찾아내지 말라고 되어 있습니다. 또한 익명으로 고발한 경우에는 고발을 묵살하라고 되어 있습니다. 이는 로마 제국이 기독교를 불법 종교로 규정하기는 했지만, 반드시 제거해야겠다고 결정하지 않았음을 보여 줍니다. 로마는 원래 종교적인 면에서 매우 관용적인 국가였습니다. 존경하는 판사님, 로마의 종교 정책을 알아보기 위해서 원고 트라야누스에게 몇 가지 질문을 해도 되겠습니까?

판사   그렇게 하십시오. 원고 트라야누스는 증인석으로 다시 나와 주세요.

김딴지 변호사   원고는 로마가 종교적인 문제로 피정복민을 괴롭힌 적이 있습니까?

트라야누스   없습니다. 우리 로마인은 전통적으로 피정복민의 문화, 관습, 종교를 존중했지요.

김딴지 변호사   그렇다면 그렇게 주장하는 근거라도 있습니까?

트라야누스   네. 우리 로마에는 세계의 모든 신을 모시는 신전인 만신전(판테온)이 있습니다. 이 판테온은 다른 종족이 모시던 신들을 우리의 신으로 만들기 위해 노력한 결과물이지요. 따라서 로마인이 종교 때문에 다른 종족을 괴롭힌다는 것은 상상할 수 없는 일입니다.

김딴지 변호사   그렇다면 로마의 역사상 종교적인 문제로 누군가를 탄압한 적이 단 한 번도 없다는 말씀인가요?

판테온

바쿠스
그리스 신화에 등장하는 포도주의 신 디오니소스를 로마 신화에서는 바쿠스라고 했답니다. 이 신을 숭배하는 것은 다산, 즉 많은 아이를 낳을 수 있기를 비는 것과 관련이 깊었어요. 원래 그리스의 축제였는데 로마로 도입되었습니다.

트라야누스   그렇지는 않습니다. 로마 역사상 그런 경우가 두 번 있었습니다. 먼저 기원전 180년 즈음에 이탈리아 남부에서 바카날리아 축제를 열었는데, 그 축제는 포도주의 신인 **바쿠스**를 기념하는 축제였습니다. 그래서인지 참가자들이 술에 취해 로마법에 어긋나고 풍속을 어지럽히는 행동을 하

왜 로마 제국은 기독교를 박해했을까?

기도 했습니다. 그래서 그런 축제를 모두 금지했습니다.

김딴지 변호사   그런 일이 있었습니까? 풍속을 어지럽히는 일을 금지시키는 것만으로 탄압을 끝내다니 로마 제국은 참 관대했군요.

트라야누스   그렇지요. 두 번째는 티베리우스 황제 때 일이었습니다. 갈리아 지방에 **드루이드**라는 사제들이 있었

드루이드
고대 갈리아(오늘날의 프랑스와 주변 지역) 및 브리타니아(오늘날의 영국)에 살던 켈트인의 종교인 드루이드교의 사제들을 일컫는 말입니다.

는데, 그들은 신들에게 제사를 지낸다면서 산 사람을 희생해 바쳤습니다. 문명 국가인 우리 로마에서 산 사람을 제물로 바친다는 것은 있을 수 없는 일이었지요. 그래서 그들을 박해했습니다.

김딴지 변호사　　그러니까 1,000년의 로마 역사에서 다른 종교를 탄압한 경우가 겨우 두 번뿐이었군요. 그런데 그것은 종교적인 박해였다기보다는 야만적인 행위를 막기 위한 것이었군요.

트라야누스　　그렇습니다.

김딴지 변호사　　기독교를 박해했던 것도 같은 맥락에서 이해할 수

　　왜 로마 제국은 기독교를 박해했을까?

있을까요?

트라야누스　　그렇습니다. 기독교의 어떤 종교적인 측면이 문제가 되었던 것이 아니라 기독교가 우리 로마의 사회 질서를 공격하는 것이 문제였고, 특히 기독교 신자들이 다른 로마 시민들과 갈등을 일으키는 것이 문제였지요.

김딴지 변호사　　잘 알겠습니다. 존경하는 판사님, 그리고 배심원 여러분, 지금 원고의 발언을 통해서 로마가 야만적인 국가가 아니었으며, 기독교 신자들이 이웃과 문제를 일으키지만 않았더라면 평화롭게 신앙 생활을 계속할 수 있었다는 것이 명백하게 밝혀졌습니다. 그리고 로마는 이웃에게 나쁜 짓을 해서 고발을 당한 경우에도 재판을 통해 사실 여부를 명확히 가려낸 후 처벌했습니다. 이는 로마가 기독교 문제를 처리하면서 신중함과 분별을 잃지 않았다는 것을 의미합니다.

　　김딴지 변호사의 변론을 듣고 있던 이대로 변호사가 입가에 미소를 띠면서 일어나 말했다.

이대로 변호사　　하하, 원고 측 변호인의 말을 듣고 있자니 마치 기독교 신자들이 아무런 위협을 느끼지 않고, 자유롭게 신앙 생활을 할 수 있었던 것처럼 느껴지는군요. 그러나 전혀 그렇지 않았지요. 로마는 야만적이고 폭력적인 국가였습니다. 또한 다신교를 믿는 로마 시민은 기독교를 악의적으로 비방했으며, 때때로 폭력을 행사하기도 했습니다. 판사님, 당시 기독교 신자였던 프톨레마이우스를 새로운 증인으로 불러 주십시오.

판사 네, 받아들입니다. 증인은 나와서 선서를 해 주세요.

프톨레마이우스 선서. 나, 프톨레마이우스는 진실만을 말할 것을 맹세합니다.

이대로 변호사 증인, 간략하게 자기소개를 해 주시겠습니까?

프톨레마이우스 나는 2세기경 로마에서 살던 평범한 사람이었습니다. 원래 다신교를 믿었지만 죽은 뒤에 부활해서 영원히 살 수 있다는 기독교의 가르침에 반해서 기독교 신자가 되었습니다. 기독교를 열심히 공부하고, 모범적인 신앙 생활을 하면서 교회에서 교사로도 일했습니다.

이대로 변호사 로마에서 기독교 신자로서 자유롭게 신앙 생활을 할 수 있었나요?

원고석에 앉아 있는 트라야누스의 눈치를 살피며 안절부절하지 못하던 프톨레마이우스는 이대로 변호사의 질문에 뭔가 결심한 듯 결의에 찬 목소리로 말하기 시작했다.

프톨레마이우스 결코 아닙니다. 기독교 신자라는 사실이 밝혀지면 사형을 당했어요. 우리의 주교였던 이그나티우스가 그랬듯이 검투사 경기장에서 짐승들에게 던져질 수도 있었지요. 그래서 우리 기독교 신자들은 항상 언제 죽을지 모른다는 두려움에 시달렸죠.

왜 로마 제국은 기독교를 박해했을까?

이대로 변호사   절도, 강도, 살인, 반역과 같은 중대한 범죄를 지은 것도 아닌데, 단지 기독교 신자라는 이유만으로 사형을 당했다고요?

프톨레마이우스   그렇습니다. 나는 원고 측 증인으로 나왔던 막시무스에 의해서 고발당했습니다. 앞에서 설명되었듯이 그의 아내는 기독교를 믿은 후에 그에게 이혼장을 보냈습니다. 그런데 내가 그녀를 가르치는 교사였습니다. 이 사실을 안 막시무스는 나에게 앙심을 품고, 내가 기독교 신자라고 고발했습니다. 나는 즉시 체포되었고 법정에 서게 되었습니다. 그때 판사는 우르비쿠스라는 사람이었습니다. 그가 물어본 것은 단 한 마디, "당신은 기독교 신자인가?"였습니다. 내가 "그렇습니다"라고 대답하자 판사는 즉시 판결을 내렸습니다. 바로 '사형'이었습니다.

이대로 변호사   기독교 신자로서 어떤 활동을 했는지, 사회에 어떤 해를 끼쳤는지 전혀 조사도 하지 않고 단지 기독교 신자라는 이유만으로 사형 판결을 내렸다고요?

프톨레마이우스   그렇습니다. 참으로 비합리적이고 부당한 조치였습니다.

이대로 변호사   정말 그렇군요. 그럼, 항의라도 해 보셨나요?

프톨레마이우스   물론 해 보았지요. 그러나 로마 제국은 그런 것을 용납조차 하지 않았습니다. 내가 재판을 받을 때도 그런 일이 일어났지요. 우르비쿠스 판사가 나에게 사형을 선고하자, 방청석에 있던 나의 동료 루키우스가 일어서서 항의했습니다. "프톨레마이우스가 무슨 죄를 지었습니까? 물건을 훔치지도 않았고 다른 사람에게

해를 끼치지도 않았습니다. 도대체 무슨 죄를 지었다고 그를 사형에 처하십니까?" 그러자 판사가 루키우스에게 물었죠. "당신도 기독교 신자인가?" 루키우스가 그렇다고 대답하자 판사는 즉각 판결을 내렸습니다. "저 사람도 사형에 처하라."

이대로 변호사   아니, 그것은 재판이라고 할 수도 없군요. 무슨 죄를 지었는지 확인하지도 않고 단지 기독교 신자라는 이유만으로 즉시 사형을 선고했다니 말입니다. 어떻게 그런 일이 있을 수 있지요?

왜 로마 제국은 기독교를 박해했을까?

프톨레마이우스 그들은 참으로 잔인합니다. 사형을 하기로 결정했으면 그냥 조용히 처형할 것이지 왜 검투사 경기를 열어서 맹수들과 싸우다 피를 토하고 죽게 만듭니까! 평범한 시민이었던 기독교 신자들을 맹수의 밥이 되도록 하다니……. 지금도 그 생각을 하면 오금이 저리고, 몸이 부들부들 떨립니다. 그런데 더욱 화가 나는 것은 수만 명의 로마인이 그런 장면을 보기 위해서 모여들었고, 또 우리가 맹수의 공격을 받아 죽어 갈 때 고함을 지르고 박수를 치며 환호를 했다는 거예요!

이대로 변호사 그렇게 공개적으로 기독교 신자들을 처형하는 것은 그것을 지켜보는 사람들로 하여금 누구든지 기독교 신자가 된다면 똑같은 형벌을 받을 것이라고 위협하는 것이 아닙니까?

프톨레마이우스 당연히 그렇습니다.

이대로 변호사 네, 그렇군요. 예전의 기억을 떠올리기도 고통스러우실 텐데 증언해 주셔서 감사합니다. 존경하는 판사님, 그리고 배심원 여러분, 이로써 로마 제국이 기독교 신자들에게 잔인한 박해를 가했으며, 그것은 어떤 이유로도 합리화될 수 없다는 것이 명확해졌습니다. 기독교 신자라는 이유 하나만으로 아무런 죄를 짓지 않은 사람들이 무참하게 처벌을 받는 상황에서 어떻게 자유로운 신앙 생활을 할 수 있었겠습니까?

김딴지 변호사 이의 있습니다! 지금 증인은 로마 제국이 기독교를 박해했다는 사실을 부풀려 말하고 있습니다. 그러나 그것은 전혀 사실이 아닙니다. 이를 증명하기 위해 원고 트라야누스에게 다시 질문하고자 합니다.

판사   좋습니다.

김딴지 변호사   원고에게 묻겠습니다. 기독교 신자들은 로마 제국이 마치 기독교를 믿기만 하면 바로 잡아다가 죽였고, 마치 수십만 명이 사자 밥이 된 것처럼 이야기하고 있는데요. 맞는 이야기입니까?

트라야누스   절대로 아닙니다. 정확한 통계가 없지만 로마 시대에 순교자들을 모두 합한다 해도 몇백 명이 넘지 않을 것입니다. 아주 많이 잡는다 해도 몇천 명을 넘지 않을 것입니다.

김딴지 변호사   아, 그렇습니까? 그럼 기독교 신자라는 사실이 밝혀지기만 하면 바로 사형시켰다고 하는데, 어떻게 순교자의 수가 그렇게 적을 수가 있습니까? 무언가 잘못 계산하신 것 아닙니까?

트라야누스   피고인 이그나티우스의 사례를 생각해 보세요. 그는 아시아의 중심 도시인 안티오키아에 살다가 누군가에게 고발을 당해 로마로 끌려와서 재판을 받았어요. 그가 로마로 끌려오는 동안에 수많은 기독교 신자들을 만나고, 또 만나기 힘든 사람들에게는 여러 통의 편지를 썼지요. 그러나 당시 로마는 이그나티우스와 만나거나 편지를 주고받은 기독교 신자들을 조사하거나 찾아내거나 하지 않았습니다. 오직 이그나티우스만을 처벌했지요.

김딴지 변호사   그렇다면 모든 기독교 신자들이 박해를 받았던 것이 아니라, 소수의 지도자들만이 박해를 받았을 가능성이 있군요.

트라야누스   사실이 그렇습니다. 로마 제국은 기독교를 불법 종교로 규정하기는 했지만, 기독교 문제를 크게 부각시키려 하지 않았어

왜 로마 제국은 기독교를 박해했을까?

요. 다시 말해서 고발이 없으면 전혀 문제 삼지 않았지요. 그런데 일부 기독교 신자들은 오히려 스스로 죽겠다고 나서기도 했습니다. **코모두스**가 로마의 황제였던 시기에 아시아 지역에서 일어난 일입니다. 그곳의 기독교 신자들이 집단으로 총독이었던 아리우스 안토니누스에게 몰려가서 자신들은 기독교 신자이니 죽여 달라고 외쳤지요. 총독은 기가 막혀서 "이 미친놈들아, 너희가 죽기를 원한다면 절벽에서 뛰어내리면 되지, 왜 나를 귀찮게 구느냐?"라고 말했어요. 물론 그 많은 사람을 모두 죽일 수는 없었겠지요.

김딴지 변호사　판사님, 그리고 배심원 여러분, 원고의 이 말을 잘 기억해 주시기 바랍니다. 피고 측에서는 로마 제국이 마치 기독교를 믿기만 하면 바로 잡아다가 죽였고, 마치 수십만 명을 죽인 것처럼 주장하지만, 실제로 그 수가 적었을 뿐만 아니라 고발당하지만 않는다면 굳이 찾아내어 문제 삼지 않았다는 것을 주장하고 있습니다.

이대로 변호사　판사님, 이의 있습니다. 그것은 원고 측 변호인의 주장일 뿐입니다. 통계가 남아 있지 않으니 정확하게 순교자 숫자를 제시할 수는 없지만 당시의 저술들에는 '매우 많은 사람이' 순교했다고 기록되어 있습니다. '매우 많은 사람'이 몇 명을 가리키는지는 관점에 따라서 달라질 것입니다. 김딴지 변호사의 말대로 종교 박해의 경우 대체로 지도자들만 박해를 받는 경우가 많았습니다. 그러나 몇몇 경우에는 수없이 많은 신자들이 같이 박해를 받기도 했습니다.

판사　그렇군요. 지도자들 외에 신자들까지도 함께 박해를 받은

코모두스
180년부터 192년까지 로마를 다스렸던 황제로, 오현제 가운데 마지막 황제인 마르쿠스 아우렐리우스의 아들이에요. 아버지의 뒤를 이어 황제가 되었으나 통치에는 별로 재능을 발휘하지 못했다고 하네요.

대표적인 사례에는 어떤 것이 있습니까?

이대로 변호사　데키우스나 디오클레티아누스의 박해가 그런 경우에 해당됩니다. 그들은 제국 전역에 걸쳐서 신도를 찾아내고 처형했습니다. 박해가 워낙 심했기 때문에 많은 사람들이 순교했습니다. 물론 어떤 자는 기독교를 배반했는데 그때 자신들이 가지고 있던 성경을 관리들에게 넘겨주었답니다. 라틴어로 '넘겨주다'라는 단어는 '트라도(trado)'인데 여기서 배반자(traitor)라는 영어 단어가 나왔지요.

김딴지 변호사　피고 측 변호인의 주장처럼 박해를 당한 기독교 신자들이 많았다고 칩시다. 기독교 신자들이 잘못을 저지르지 않았다면 로마 제국이 그들을 왜 박해했겠습니까? 그것은 분명 이웃에게 피해를 주는 등 잘못을 저질렀기 때문입니다. 따라서 기독교 신자들이 법을 어기고, 이웃에게 피해를 준 사실을 부인하는 태도 역시 옳지 못합니다.

이대로 변호사　저희 측에서도 기독교 신자들이 로마 시민이 싫어할 만한 일을 했다는 사실을 완전히 부정하지는 않겠습니다. 그러나 기독교가 당시 존재하던 다른 종교들과 달랐다는 점을 이해해 주셨으면 합니다. 기독교 신자들은 우주를 다스리는 하느님 한 분만을 믿었습니다. 그리고 그분이 최후의 심판을 행하실 때 모든 사람이 부활하여 그분의 심판을 받을 것이라고 믿었습니다. 따라서 기독교 신자들은 온갖 신들의 조각상을 만들어 그것에 절하며, 이 세상에서 복을 받으려고 노력하는 로마인의 생각이 틀렸다는 것을 깨우쳐 주려고 노력했습니다. 그렇기 때문에 이후 로마 시민 역시 기독교로 개종한 것 아니겠습니까? 물론 그 과정에서 소수의 이웃에게 피해를 주는 일이 있었지만 말입니다.

판사　기독교도들이 이웃에 피해를 주긴 했다는 거군요. 어떤 피해를 주었죠?

이대로 변호사　뭐, 굳이 말씀드리자면 기독교 신자들이 늘어나면서 사람들이 다신교 신들을 섬기는 신전을 찾지 않게 되어 그 신전에서 제사 드리는 것을 직업으로 삼고 있던 사람들에게 타격을 주었다…… 그런 사소한 것들이지요. 가령 다신교 신들의 조각상을 만들던 사람들이나, 신전에서 희생용 짐승을 바치던 사람들이 일자리를 잃었습니다. 아마도 원고 측에서 말하는 이웃이란 바로 그런 사람들일 것입니다. 그런데 그런 사람들이 일자리를 잃은 것이 전적으로 기독교 신자들의 책임이라고 할 수 있을까요?

김딴지 변호사　사실이 그렇잖아요. 그들은 기독교 때문에 일자리를 잃었어요.

이대로 변호사　물론 단순하게 생각한다면 그렇다고 말할 수도 있겠지요. 그러나 그런 사람들은 애초에 허황된 믿음, 사람들을 속이는 미신을 생업으로 삼고 있었습니다. 오늘날 **사이비** 신앙을 전파하면서 돈을 벌고 있는 사람이 있다고 가정해 봅시다. 어떤 자들이 그런 자들에게 속아서 돈을 바치고 있었습니다. 그런데 진리를 아는 사람이 사이비 신앙이 엉터리이고 거짓이라는 것을 깨우쳐 주었습니다. 그래서 사이비 신앙을 가르치던 자는 일거리를 잃게 되었습니다. 이 경우에 진리를 가르쳐 준 사람에게 책임을 물을 수 있겠습니까?

사이비
겉으로는 비슷해 보이지만 실제는 완전히 다른 것을 말합니다.

판사　자, 이제 양측에서 서로 할 이야기를 거의 다 한 것 같고, 시간도 다 되었으니 오늘 재판은 이것으로 마치는 것이 좋겠습니다. 오늘은 로마 제국의 기독교 박해가 언제 시작되었고, 얼마나 강력하게 진행되었는지를 중심으로 살펴보았습니다. 일주일 뒤에 있을 세 번째 공판에서는 로마 제국이 기독교를 박해한 것이 타당한 행위였는지에 대해 살펴보고 결론을 내리도록 하겠습니다.

　땅, 땅, 땅!

다알지 기자

　　시청자 여러분, 안녕하세요? 역사공화국
에서 누구보다 발 빠르게 뉴스를 전해 드리는
법정 뉴스의 다알지 기자입니다. 오늘은 트라야누
스와 이그나티우스의 재판 둘째 날이었는데요. 오늘 역시 양측의 변론
이 팽팽했던 것 같습니다. 원고 측에서는 지난번 재판에서 기독교를
미신이자 해로운 종교라고 주장한 데 이어, 오늘은 로마가 기독교를
박해한 것이 전적으로 기독교 신자들의 책임이라고 주장했습니다. 반
면, 피고 측에서는 시종일관 로마 제국이 야만적이고 비합리적인 제국
이라고 주장하면서, 기독교인이라는 이유만으로 사자 굴에 던져지거
나 격투장에서 맹수들과 싸워야 했는지를 문제 삼았습니다. 그럼, 양
측의 변호사들을 만나 오늘 재판에 대한 소감을 들어 보겠습니다.

김딴지 변호사

오늘 피고 측에서는 로마가 기독교를 박해했다며 부풀려 이야기했어요. 마치 기독교를 믿기만 하면 바로 잡아다가 사자 굴에 처넣은 것처럼 말하더군요! 하지만 그건 사실이 아닙니다. 로마 제국은 그렇게 잔인하지 않습니다. 그리고 비록 로마에서 기독교를 불법 종교로 규정하기는 했지만, 그들에 대한 문제를 부각시키는 것을 원치 않았어요. 그래서 기독교 신자라고 고발당하지 않는다면 직접 추적하여 잡아들이지 않았습니다. 그리고 불법 종교를 다시는 믿지 않겠다는 신자들도 구제해 주었습니다. 로마 제국은 개방적이고 포용력이 있으니까요! 마지막으로 한마디 덧붙인다면, 만약 기독교 신자들이 로마 제국이 금하는 일을 하지 않았다면 이런 일은 애초에 일어나지도 않았을 겁니다.

왜 로마 제국은 기독교를 박해했을까?

이대로 변호사

　오늘 재판에서 저는 상당히 공격적으로 변론을 했습니다. 특히 기독교 신자들을 박해했던 증인 플리니우스의 입에서 기독교 신자들에 대한 소문이 헛소문에 불과했다는 말을 끌어낸 것은 좋은 성과였다고 생각됩니다. 그런데 아까 다알지 기자께서 김딴지 변호사와 인터뷰하는 것을 얼핏 들었는데, 김딴지 변호사가 로마 제국이 개방적이고 포용력이 있다고 주장하더군요. 물론 로마 제국이 다른 제국들과 비교했을 때 개방적이고 포용적이었던 것은 사실입니다. 그러나 기독교 문제에서는 달랐어요. 그들은 기독교를 받아들인다면 마치 로마 제국의 틀이 근본적으로 무너지는 것처럼 민감하게 대응했습니다. 그러니까 그렇게 많은 기독교 신자들을 죽인 것 아니겠어요? 더욱이 로마에는 다신교에 기생해서 먹고살던 사람들이 얼마나 많았습니까? 그 사람들이 모두 일자리를 잃게 되니 기독교를 싫어할 수밖에요.

로마 제국의 역사가 담긴 유물

로마 제국은 이탈리아 반도 및 유럽, 그리고 지중해를 넘어 북아프리카와 페르시아와 이집트까지 지배하였던 고대 최대의 제국이었어요. 그만큼 많은 유물을 넓은 영토 위에 남겨 두었지요. 로마 제국의 유물을 찾아 그들의 흔적을 한번 느껴 볼까요?

트라야누스 패널

사진 속 유물은 로마 제국의 트라야누스 황제와 관련 있는 조각이에요. 트라야누스는 98년부터 117년까지 로마 제국을 통치한 로마의 황제로, 현명한 다섯 황제인 오현제 중 두 번째 황제이기도 하지요. 로마 제국의 영역을 확장하고 고대 로마의 도시 광장인 포럼을 여러 도시에 건설하고, 가난한 아이들을 부양하는 등 대내외적으로 많은 공을 세웠답니다. 사진 속 유물은 이 시기에 만들어진 것으로 건축하는 모습이 담긴 것이 특징입니다.

솔리두스

로마 제국의 황제인 콘스탄티누스 2세
가 제정한 로마의 금화로 처음에는 신
화에 나오는 빅토리아의 이미지를 동전
에 담았어요. 빅토리아는 그리스 신화에
나오는 승리의 여신인 니케에 해당된답니다. 기독교가 공인되고 그 세력이 커
져 가자 그 여신의 이미지가 날개가 달린 천사로 변한 것이 특징이지요.

테라 시길라타

갈리아인, 즉 켈트인이 로마 제국의 지
배를 당할 당시에 만들어진 그릇으로
'테라 시길라타'입니다. 이 그릇은 고대
그리스의 코리트와 아테네, 이탈리아의
로마, 그리고 신대륙의 도공들이 얇고 광
택이 있는 표면 질감을 얻는 데 사용하
였던 방식으로 광택 있는 적황색을 띤
일종의 유약을 사용한 것과 표면에 새긴
부조가 특색이지요.

금 귀걸이

보석이 달려 있는 금 귀걸이로 로마 제국
이 건재하던 3세기의 것으로 보입니다.
가운데 붉은색 보석이 달려 있고, 그
주위로 여러 겹의 원형이 감싸고 있지
요. 원형의 주위로는 12개의 같은 모양
으로 튀어나온 장식물이 달려 있습니다.
화려하면서도 섬세한 장식이 특징입니다.

기독교는 어떻게
세계의 종교로 성장했을까?

1. 기독교는 어떤 희망을 주었을까?
2. 기독교는 어떤 사회를 추구했을까?

교과 연계

세계사
Ⅱ. 도시 문명의 성립과 지역 문화의 형성
   4. 그리스와 로마
      (3) 로마 제국과 지중해 세계

1

기독교는
어떤 희망을 주었을까?

판사   트라야누스가 이그나티우스를 상대로 제기한 소송의 마지막 재판을 시작하겠습니다. 첫 번째 재판에서는 기독교가 과연 미신이며 비윤리적인 종교였는지를 다루었고, 두 번째 재판에서는 로마 제국의 기독교에 대한 박해가 얼마나 강력하게 진행되었는지를 다루었습니다. 오늘은 기독교가 그런 박해를 받으면서도 계속 성장할 수 있었던 이유가 무엇이었는지를 집중적으로 다루어 보겠습니다. 오늘은 피고 측에서 먼저 시작해 볼까요?

이대로 변호사   판사님, 왜 많은 로마인이 기독교에 매력을 느꼈는지 알아보기 위해서 로마의 지식인이자 지난번 재판에서 원고 측 증인으로 나왔던 비티니아의 총독 플리니우스에게 몇 가지 질문을 해도 되겠습니까?

왜 로마 제국은 기독교를 박해했을까?

판사　그렇게 하십시오.

이대로 변호사　증인, 당신은 로마의 최고 지식인이시니 로마의 종교에 대해서도 해박하시리라고 생각합니다.

플리니우스　맞습니다. 내가 아는 대로 성실하게 답변해 드리지요.

이대로 변호사　로마인에게 종교라는 말의 의미는 무엇입니까?

플리니우스　라틴어로 종교를 '렐리기오(Religio)'라고 하는데요. 그것은 각 신들에게 적절한 의례를 행하는 것을 의미합니다.

이대로 변호사　'렐리기오'라고요. 오늘날 종교를 뜻하는 영어 단어 '릴리전(Religion)'이 그 단어에서 유래한 것 같군요. 좀 더 자세하게 설명해 주시겠습니까?

플리니우스　네. 우리 로마인은 신마다 각각 담당하는 역할이 있다고 생각했습니다. 로마인은 이렇게 각각의 영역을 가지고 있는 신들에게 제물을 바치고 기도하면서 이 세상에서 잘 살기를 바랐습니다. 사람들은 각 영역을 담당하는 신에게 적절한 의례를 행함으로써 신들과 좋은 관계를 유지할 수 있다고 믿었습니다. 그래서 날마다 가정을 행복하게 돌보아 준다는 가정의 신에게 작은 제물을 바치고 기도를 드리곤 했지요.

이대로 변호사　저마다 자신의 집에서 신에게 기도를 드리는 것뿐이었다면 오늘날의 다른 종교와 비교했을 때 좀 소박하게 들리는데요.

플리니우스　물론 국가적인 차원에서도 신에게 적절한 의례를 행했습니다. **신관**을 뽑아 그들로 하여금 국가의 안녕을 위해서 신에게

신관
신을 받들어 모시는 일을 맡은 관직이나 또는 그런 일을 하는 사람을 뜻합니다.

제사를 지내고, 신을 기념하는 축제를 주관하며, 국가의 중대사가 있을 때 점을 쳐서 신의 뜻을 물어보도록 했습니다.

이대로 변호사   그럼 그 신관은 종교적인 훈련을 받은 사람인가요?

플리니우스   종교적 훈련이라니…… 무엇을 말씀하시는 것인지 모르겠군요.

이대로 변호사   신학 대학이나 수련 단체 같은 곳에 들어가서 몇 년 동안이라도 종교에 대한 공부를 하는 것을 말합니다.

플리니우스   그런 것은 없습니다. 그들은 일종의 관리 혹은 정치가였습니다. 신관으로 뽑힌 사람은 정해진 절차에 따라서 의례를 행해야 하기 때문에 약간의 교육을 받기는 했지요.

이대로 변호사   잘 알겠습니다. 사실대로 증언해 주셔서 감사합니다. 존경하는 판사님, 그리고 배심원 여러분, 지금 플리니우스가 증언했듯이 기독교가 전파되기 이전, 로마인에게 종교라는 것은 신에게 적절한 의례를 행하고 현세의 복을 기원하는 것이었습니다.

판사   현세의 복을 기원하는 것이 문제가 되나요?

이대로 변호사   그런 것은 아닙니다. 그러나 인간에게는 현세의 삶으로는 만족할 수 없는 영혼의 세계가 있습니다. 로마인의 종교는 이 영혼의 세계에 대해서는 전혀 관여하지 않았습니다. 세상의 삶에서 지친 사람들의 아픈 마음, 상처받은 마음을 달래 주지 않았으며, 죽음 이후에 또 다른 세계가 있다는 희망을 제공하지도 않았습니다. 기독교는 바로 이 점에서 로마의 다신교와 달랐습니다.

판사   그럼 기독교는 로마의 다신교에 비해 특별한 차이점을 가지

왜 로마 제국은 기독교를 박해했을까?

고 있다는 건가요?

이대로 변호사　네, 아주 중요한 차이점이 있지요. ▶기독교는 현세의 고단하고 힘든 삶이 죽음 후의 세계, 즉 내세의 복된 삶을 위한 준비 기간이라고 말하며, 세상의 모든 사람에게 위로를 주었습니다. 또한 사람이 죽으면 그대로 사라지는 것이 아니라 부활할 것이며, 부활한 후에는 저마다 이 세상에서 행한 것에 따라서 심판을 받고, 그 심판의 결과에 따라서 천국과 지옥으로 간다고 가르쳤습니다. 바로 이 내세에 대한 희망이 많은 로마인의 마음을 사로잡았던 것입니다. 기독교가 혹독한 박해를 받으면서도 계속 세력을 확대할 수 있었던 것은 이렇게 로마인의 영혼을 달래 주고, 부활의 희망을 제공했기 때문입니다.

　이대로 변호사의 변론을 듣고 있던 김딴지 변호사가 심각한 표정을 지으며 일어섰다.

김딴지 변호사　존경하는 판사님, 제가 증인 플리니우스에게 질문해도 되겠습니까?

판사　허락합니다.

김딴지 변호사　증인, 피고 측 변호인이 영혼의 세계가 있으며, 죽은 뒤에는 사람들이 부활할 수 있다고 주장하는데, 이에 대해서 어떻게 생각하십니까?

플리니우스　인간이 죽으면 육체는 썩고 그것으로 모든

교과서에는

▶ 기독교는 다른 전통적인 종교와는 달리 내세의 구원을 약속하였습니다.

것이 끝나지요. 이것은 너무나 명백한 사실입니다. 살아 있는 동안 세상의 그 누구도 죽음 이후의 세계를 보지 못합니다. 그러니 확실하지 않은 영혼의 세계에 대해서 이러쿵저러쿵 말하는 것은 옳지 않다고 생각합니다. 이 세상의 삶을 충실하게 살다가 담담하게 죽음을 맞는 것이 인간의 운명이 아닐까요? 그런데 기독교 신자들은 그들이 믿는 신인 예수가 죽었다가 살아났으며, 예수를 믿는 사람도 다시 살아난다고 말하고 있습니다. 이와 같이 허황된 주장을 일삼는 기독교는 미신일 뿐입니다.

김딴지 변호사　　그래서 로마의 지식인들은 거의 기독교를 믿지 않앉군요?

플리니우스　　그렇습니다. 나처럼 이성적인 사람이 믿기
는 힘든 종교이지요. 가난하고 무식한 사회의 하층민들이
라면 모를까.

이대로 변호사　　이의 있습니다. 증인은 지금 자신의 주관
적인 판단만으로 기독교 신자들을 모독하고 있습니다.

판사　　받아들입니다. 증인은 기독교에 대한 감정적인 표현을 삼가
주십시오.

이대로 변호사　　증인은 부정할지 모르지만 기독교 신자들 가운데
도 지식인이 많았습니다. 아테네의 철학자인 아테나고라스, 사르디
스의 신학자 멜리토 같은 분들은 **마르쿠스 아우렐리우스 황제**에게
편지를 써서, 기독교가 신성한 종교임을 주장했습니다. 그들이 지식
인이 아니었다면 어떻게 황제에게 편지를 썼겠습니까?

플리니우스　　물론 소수의 지식인이 기독교에 대해 우호적인 태도
를 취하기도 했지요. 그러나 다수는 기독교를 미신이라고 생각했습
니다. 철학자로 명성이 높았던 마르쿠스 아우렐리우스 황제도 그랬
고요.

이대로 변호사　　잘 알겠습니다. 증인은 기독교에 대한 반감이 정말
강하신 것 같습니다. 그러나 증인이 로마의 공권력을 이용해서 막아
야 한다고 생각할 정도로 기독교 신자들이 늘어나고 있었던 것은 사
실 아닌가요?

플리니우스　　그건, 무지한 사람들이 미신에 빠져들어서……

마르쿠스 아우렐리우스 황제
로마 제국의 오현제 가운데 한
명이었으며, 『명상록』이라는 책
을 쓴 것으로 유명합니다.

이대로 변호사 제가 질문한 것에 대해서만 명확하게 답변해 주세요. 기독교를 믿는 사람들이 늘어나고 있었던 것이 사실입니까?

플리니우스 그렇습니다.

이대로 변호사 지금 증인 플리니우스는 기독교 신자들이 계속 증가하고 있었다고 확실하게 대답했습니다. 존경하는 판사님, 그리고 배심원 여러분, 플리니우스는 기독교를 부활을 믿는 미신이라고 판단했습니다. 그러나 기독교가 엉터리 미신에 불과하다면 어떻게 그렇게 많은 사람들이 오랜 기간 동안 믿을 수 있겠습니까? 이는 기독교가 미신이 아니라 진리이기 때문에 가능한 것 아니겠습니까? 오랜 세월 인류는 내세의 희망을 품어 왔고, 기독교가 사람들의 영혼을 달래 주며 그 희망을 바르게 제시했기 때문에 지금까지 많은 신자를 확보할 수 있었던 것입니다.

이대로 변호사의 자신에 찬 변론을 듣고 있던 김딴지 변호사가 입가에 오묘한 미소를 띠며 말을 이었다.

김딴지 변호사 저는 피고 측 변호인의 말을 인정할 수 없습니다. 많은 사람이 오랜 세월 동안 믿으면 모두 진리입니까? 그렇지 않습니다. 17세기에 갈릴레이는 지구가 태양 주위를 돈다고 주장한 후, 종교 재판을 받았습니다. 그 이전 수천 년 동안 거의 모든 인류는 태양이 지구 주위를 돈다고 생각했지요. 그렇지만 그런 생각이 거짓이었음은 명명백백하게 밝혀지지 않았습니까? 이것은 과학에 관한 것이기에 기독교와 같은 종교적인 현상에 적절하지 않은 비유라고 생각할 수도 있습니다. 그럼 종교의 예를 들어 보겠습니다. 현재 전 세계적으로 이슬람을 믿는 사람의 숫자는 기독교를 믿는 사람의 숫자만큼이나 많습니다. 그럼 이슬람도 기독교와 같이 진리입니까? 저는 이슬람 신자도, 기독교 신자도 아니기에 어느 것이 더 진리에 가까운지 모르겠습니다. 그러나 오랜 세월 동안 많은 사람이 믿는다는 이유만으로 진리라고 말할 수는 없다고 봅니다.

이대로 변호사　이의 있습니다. 김딴지 변호사는 다른 종교를 끌어들여 이야기의 본질을 흐리고 있습니다.

판사　이의를 기각합니다. 많은 사람들이 믿는다고 모두 진리가 아닐 수 있다는 원고 측의 주장에는 일리가 있습니다. 다만 김딴지 변호사, 다른 종교 이야기까지 하다간 재판이 한없이 길어질 테니 기독교 이야기에 집중하도록 하세요.

김딴지 변호사　네, 알겠습니다. 사실 저도 기독교가 대단한 성공을 거두었으며, 이미 트라야누스 황제 때에 그런 조짐을 보이고 있었다는 사실은 인정합니다. 그러나 기독교가 성공을 거둘 수 있었던 진짜 이유는 다른 데 있었습니다. 기독교는 가난한 사람들에게 다가가서 빵을 주면서 교회에 다니면 계속 빵을 주겠다고 약속했습니다. 그리고 실제로 교회에 나오는 가난한 사람들에게 끊임없이 음식을 제공했습니다. 빵으로 사람들의 믿음을 산 것이지요. 돈을 주고 관직을 사거나 돈을 주고 사람을 사는 것은 나쁜 것이라고 말하는데, 돈을 주고 믿음을 사는 행위 역시 나쁜 것 아닙니까? 기독교는 그렇게 사악한 짓을 서슴없이 했습니다.

이대로 변호사　김딴지 변호사가 이제 아주 이상한 소리까지 하는군요. 기독교 박해를 주도했던 플리니우스는 기독교 신자들이 무식하고 가난한 사람들이라고 했습니다. 그들에게 돈이 어디 있어서 돈으로 사람들의 믿음을 산다는 말입니까? 판사님, 이 문제의 진상을 알아보기 위해서 피고 이그나티우스에게 질문해도 되겠습니까?

판사　허락합니다.

　왜 로마 제국은 기독교를 박해했을까?

이대로 변호사   피고는 교회의 최고 지도자였으니, 기독교 신자들에 대해서 잘 알겠군요. 교회에서 가난한 사람들에게 빵을 나누어 준 것이 사실입니까?

이그나티우스   그렇습니다. 교회마다 상황은 조금씩 달랐지만 주일이 되면 늘 가난한 사람들을 초대하여 빵을 나누어 주었고, 기근이 들어서 굶주린 곳에 구호소를 설치했습니다.

이대로 변호사   왜 그렇게 했습니까?

이그나티우스   ▶우리가 믿는 예수께서는 이웃을 내 몸과 같이 사랑하라고 하셨고, 이 세상의 가장 보잘것없는 사람에게 선을 베푸는 것이 곧 예수께 선을 베푸는 것이라고 하셨습니다. 예수께서 우리를 사랑하셔서 목숨까지 내놓으셨는데 우리가 예수의 가르침을 실천하는 것은 너무나 당연한 일이지요.

이대로 변호사   증인의 말을 들어 보면 기독교 신자들은 대부분 가난했다는데, 그럼 돈은 어디에서 나왔습니까?

이그나티우스   교회에서 신자들이 자발적으로 가난한 사람을 돕기 위해 노력했습니다. 각지의 교회들은 신자들이 기부한 돈을 모아서 공동 기금을 마련했지요. 물론 대부분의 신자들이 가난했기 때문에 일주일에 며칠은 굶어 가며 돈을 냈습니다. 그리고 그렇게 조금씩 모은 돈으로 가난한 사람들을 먹이고, 버림받은 사람들을 돌보았습니다. 멀리 귀양을 가거나 감옥에 갇힌 사람들에게도 약간의 돈을 보냈고요. 그 일은 철저하게 주교의 책임 아래 이루어졌으며, 과부와 고아, 병자, 감옥에 간

교과서에는

▶ 기독교는 예수의 사랑을 실천하고 참된 믿음을 통해 영혼을 구원하라는 가르침을 주면서 탄생하였습니다.

흰 사람, 갑자기 재앙을 당한 사람, 나그네 등이 그 수혜자였습니다.

이대로 변호사   많은 신자들이 일주일에 며칠씩 굶어 가며 돈을 모았고, 그 돈으로 가난한 사람들을 도왔다니 정말 감동적이군요.

이그나티우스   그렇습니다. 차마 이 말은 하지 않으려고 했습니다만, 그중에는 동료들이 굶는 것을 보다 못해 자신을 노예로 팔아서 돈을 내는 사람도 있었습니다.

이대로 변호사   존경하는 판사님, 배심원 여러분, 이렇게 기독교 신

왜 로마 제국은 기독교를 박해했을까?

자들은 굶어 가면서, 그리고 심지어는 자신의 몸을 팔아서 모은 돈으로 가난한 사람들에게 빵을 나누어 주는 신성한 행동을 가지고 어떻게 돈으로 신앙을 매수했다고 모독할 수 있습니까? 원고 측 변호인은 그런 모욕적인 말을 한 것이 부끄럽지도 않습니까? 당장 사과하십시오.

김딴지 변호사　　로마 시대에 기독교 신자들이 그렇게 헌신적인 삶을 살았는지 미처 몰랐습니다. 저는 교회가 가난한 사람들에게 빵을 나누어 준다는 소리만 듣고, 좋은 비판 거리라고 생각했습니다. 그 점에서 제 생각이 짧았음을 인정합니다.

이대로 변호사　　김딴지 변호사가 사과를 하니 받아들이겠습니다. 기독교가 강력한 힘을 가질 수 있었던 것은 이렇게 신자들이 헌신적으로 봉사하면서 그 희망을 서로 나누었기 때문이라는 것을 이제 인정하시겠지요?

기독교,
밀라노 칙령으로 로마의 공인을 받다

로마는 황제 숭배를 강요하면서 이를 따르지 않는 기독교 신자들을 박해했습니다. 이러한 박해는 네로 황제가 로마에서 일어난 큰 화재의 방화범을 기독교 신자들로 몰아 처형하기 시작한 데에서 비롯되었지요. 그리고 이 때문에 많은 기독교 신자들은 처참한 죽임을 당하기도 했습니다. 그러나 네로 황제의 박해가 있은 지 250년 뒤인 기원후 313년의 밀라노 칙령을 계기로 기독교 신자들은 신앙의 자유를 보장받게 됩니다. 밀라노 칙령의 내용을 살펴보면 다음과 같습니다.

첫째, 로마 제국은 기독교를 공인하며, 로마 제국 안에 살고 있는 모든 사람들에게는 신앙의 자유가 있다. 또한 교회를 조직할 수 있다.
둘째, 기독교를 박해하면서 빼앗은 교회의 재산을 돌려주고 이에 대해서 국가가 보상해 준다.

이 밀라노 칙령으로 인해 기독교와 기독교 신자들은 탄압받던 입장에서 로마 황제의 비호를 받는 입장으로 크게 바뀌었으며, 콘스탄티누스 대제는 기독교를 장려한 최초의 로마 황제가 되었습니다.

왜 로마 제국은 기독교를 박해했을까?

기독교는
어떤 사회를 추구했을까?

김딴지 변호사   기독교 신자들이 헌신적으로 가난한 사람들을 도왔다는 것은 인정하겠습니다. 그러나 로마인도 동료 시민들을 돕는 데 열심이었으니 기독교인만의 좋은 점이라고 하긴 어렵지 않을까요? 원고 측 증인으로 나왔던 플리니우스도 그의 늙은 유모를 위해서 10만 세스테르티우스를 썼고, 곤궁에 빠진 한 친구를 위해서 30만 세스테르티우스를 썼으며, 고향 마을을 위해서 약 200만 세르테르티우스를 썼습니다. 그는 또한 유언으로 고향 코모시에 공중 목욕탕을 짓도록 했으며, 시민들이 해마다 축제를 열 수 있도록 기금을 남겼습니다.

그런데 기독교 신자들은 오직 기독교 신자들만을 돕지 않았습니까? 기독교를 믿지 않는다면 그런 도움을 받을 수 없지요. 그렇다면

세스테르티우스
로마 시대의 화폐로 세르테르티우스는 아시스 동전보다는 더 높은 가치를 가진 동전이지요. 이외에도 데나리우스(은화), 아우레우스(금화), 솔리두스(금화) 등의 화폐가 통용되었답니다.

역시 돈으로 신앙을 샀다는 표현이 틀린 것만은 아닌 것 같습니다.

이대로 변호사　　김딴지 변호사가 끝까지 딴죽을 거시는 군요. 물론 같은 동료 신자들이 우선적인 구호의 대상이었음을 부정하지는 않겠습니다. 그러나 기독교 신자들은 기독교를 믿는 사람들을 도왔으며, 농사가 잘 되지 않아서 많은 사람이 굶어 죽어 갈 때면 기꺼이 기독교를 믿지 않는 사람들까지도 도왔습니다.

김딴지 변호사　　글쎄요. 믿기 힘든데요. 혹시 증거가 있습니까?

이대로 변호사　　좋습니다. 판사님, 로마의 황제로 기독교를 박해했던 율리아누스를 증인으로 불러 주십시오.

판사　　허락합니다.

이대로 변호사　　증인은 간략하게 자기소개를 해 주시겠습니까?

율리아누스　　나는 4세기에 로마 제국의 황제였습니다. 왕자 시절에는 기독교 신자였는데 그리스의 아테네로 유학을 가서 그리스 철학을 배운 뒤에 기독교의 교리가 너무나 유치하고, 미신적이라고 생각해서 기독교를 믿지 않았지요. 그래서 사람들은 나를 '배교자 율리아누스'라고 부릅니다. 종교를 바꾼 후에는 기독교를 박해하고, 로마의 전통 종교를 되살리기 위해 노력했습니다.

이대로 변호사　　예. 저도 증인의 그런 점 때문에 과연 우리 측 증인으로 불러야 하는지 많은 고민을 했습니다. 증인은 여전히 기독교에 대해서 좋지 않은 감정을 가지고 있지요?

율리아누스　　기독교가 미신이라는 나의 판단은 지금도 변함없습니다.

이대로 변호사　　잘 알겠습니다. 그래서 다른 것은 묻지 않고 다만 기독교의 이웃 돕기에 대해서만 물어보겠습니다. 당신이 쓴 책을 보니, 기독교를 계속 비난하면서도 단 한 가지는 본받아야 한다고 지적한 것이 있던데요.

율리아누스　　그렇습니다. 우리 로마인은 가난한 시민을 돕는 데 관심이 별로 없었습니다. 사람들은 가난한 사람이 교활하고, 거짓말하며, 도둑질을 잘한다고 생각했어요. 그래서 가난한 사람을 돕는 것은 무의미하며, 가치 없는 일이라고 생각했지요. 그러나 기독교 신자들은 가난한 사람을 마치 그들의 형제처럼 생각했어요. 그리고 그들은 기독교 신자뿐만 아니라 신자가 아닌 사람들도 적극적으로 도와주었습니다. 나는 기독교 신자의 그 태도가 옳다고 생각했습니다. 가난한 사람도 우리 사회의 일원이고, 같은 인간이기에 먹고살 권리가 있다고 생각했거든요.

이대로 변호사　　존경하는 판사님, 그리고 배심원 여러분, 율리아누스 황제의 이 증언을 깊이 새겨 주십시오. 기독교는 진정으로 인류의 장벽이 없는 세계를 꿈꾸었습니다. 고대인들은 민족별로 각각의 공동체를 구성하고 살았으며, 다른 민족을 인간으로 취급하지 않았습니다. 그래서 전쟁을 하면 상대방을 모두 죽이거나 노예로 삼았으며, 다른 민족에게 무슨 일이 생겨도 돕는다는 것은 상상도 하지 못했습니다. 기독교는 바로 이 민족의 장벽을 무너뜨리고, 모든 인류가 하나가 되는 새로운 세상을 꿈꾸었습니다.

그리고 고대에나 지금이나 인간 세상에는 부유한 사람과 가난한 사람이 있습니다. 부유한 사람들은 가난한 사람들을 무시하거나 비난하지요. 빈자, 즉 가난한 사람을 천한 존재라고 규정하고 같은 인간으로 인정하지 않습니다. 가난한 사람이 가난하게 사는 것은 사실 그들의 잘못이 아닙니다. 대부분의 부자는 부자 부모에게서 태어났으며, 대부분의 빈자는 빈자 부모에게서 태어났습니다. 어떤 부모에게서 태어났다는 하나의 사실로 인류가 그렇게 분열되는 것이 정당한 것입니까? 몇 명의 부자가 배불리 먹고 등을 두드리고 있을 때, 수많은 빈자가 굶어 죽어 가는 것이 정의입니까? 기독교는 이런 관념에 도전했습니다. 돈 많은 사람과 가난한 사람의 차별이 없고, 부자와 빈자가 서로 돕는 세계를 꿈꾸었던 것이지요.

판사　▶기독교에서 추구하고자 했던 세상은 종족의 장벽이나 빈부의 차이가 없이 하나가 되는 세상이었군요.

이대로 변호사　그리고 오늘 변론에서 자세히 말씀드리지는 않았지만, 기독교는 또한 남자와 여자라는 성의 장벽도 무너뜨리고자 했습니다. 지금은 상황이 좋아졌지만 고대 세계에서 남자는 여자를 지배했습니다. 남편은 아내를 마치 종처럼 부렸고, 여자들은 공공 활동도 하지 못했습니다. 그러나 기독교는 여자와 남자가 평등하다고 가르쳤습니다.

판사　그 오래전에 남녀평등을 가르치다니…… 대단하네요.

왜 로마 제국은 기독교를 박해했을까?

이대로 변호사 네, 그렇습니다. 바로 이것이 기독교가 꿈꾸는 새로운 세상이었습니다. 인간들을 나누는 모든 장벽을 없애고, 모든 인간이 평등하게 사는 세계 말입니다. 그래서 많은 사람들이 기독교의 가르침에 감동을 받았고, 그렇게 헌신적인 신자가 되었던 것입니다.

판사 네. 피고 측 변호인의 주장 잘 들었습니다. 양측에서 충분히 많은 이야기를 한 것 같습니다. 오늘 재판은 기독교가 세계 종교로 성장할 수 있었던 힘이 무엇인가를 다루었습니다. 저나 배심원은 양측의 주장을 충분히 고려해서 공정한 판결을 내리겠습니다. 자, 오늘은 시간이 다 되었으므로 재판을 이만 정리하는 것이 좋겠습니다. 그럼 잠시 후에 원고와 피고의 최후 진술을 듣고 모든 재판을 마치도록 하겠습니다.

땅, 땅, 땅!

다알지 기자

안녕하세요. 법정 뉴스 시청자 여러분, 오늘 트라야누스 대 이그나티우스의 재판에서는 기독교가 사람들에게 전하고자 했던 메시지가 무엇이었는지, 그리고 그들이 추구하고자 했던 사회는 어떠한 것인지에 대해 살펴보았는데요. 원고 측에서는 증인 플리니우스를 내세워, 기독교가 법을 어긴 불법 종교이며 사람들에게 예수를 믿으면 부활할 수 있다는 희망을 전파한 미신이었다고 주장했습니다. 이에 대해 피고 측은 기독교가 엉터리 미신에 불과하다면 어떻게 그렇게 많은 사람들이 오랜 기간 동안 믿을 수 있었겠느냐며, 기독교가 미신이 아니라 진리라고 반박했습니다. 그럼, 이번 재판의 주인공인 원고 트라야누스와 피고 이그나티우스를 모시고 소감을 한마디씩 들어 보겠습니다.

왜 로마 제국은 기독교를 박해했을까?

휴 정
인 터 뷰

트라야누스

　늘 사람들을 재판하는 자리에만 있었는
데 내가 억울한 일을 당해서 재판정에 서 보니
답답한 것이 정말 많았습니다. 기회만 주어진다면
나의 억울함을 조리 있고 설득력 있게 말할 자신이 있었는데 그것이
쉽지 않았습니다. 그래도 나는 이번 재판을 통해 기독교 신자들이 로
마법을 어겼고, 로마 제국이 금하는 불법 단체를 결성해서 불법 집회
를 열었다는 것을 강조한 데에 만족합니다. 내가 통치하고 있을 때, 기
독교 신자들은 이웃들과 사이가 좋지 않아 크고 작은 문제들을 일으켰
고, 기독교가 사악한 집단이므로 처벌을 원하는 요구가 많았어요. 무
엇보다도 가난하고 사회에 불만을 품은 자들에게 희망을 줌으로써 빠
른 속도로 퍼지는 기독교 신자들이 반란을 일으키지 않을까 염려가 되
었지요. 상황이 이러니 박해하지 않을 수 있었겠습니까!

이그나티우스

　　오늘 우리 측 이대로 변호사가 워낙 잘해 준 것은 물론이고, 원래 진리가 승리하는 법이니까 재판 결과가 좋을 것으로 기대합니다. 아무리 말솜씨가 뛰어난 사람이라고 해도 진리를 부정할 수는 없지요. 오늘 재판에서 이대로 변호사가 특히 잘한 부분이 있다면 율리아누스 황제를 증인으로 세워서, 우리에게 유리한 증언을 받아 낸 것이라고 생각되는군요. 그의 입에서 기독교 신자들은 가난한 사람을 마치 형제처럼 생각할 뿐만 아니라 기독교 신자가 아닌 사람도 적극적으로 도왔다는 말이 나올 줄은 상상도 못했거든요. 하하. 그의 말처럼 기독교가 서로를 도우며 하나가 되는 사회를 꿈꾸었기에, 로마 제국의 모진 박해에도 불구하고 오늘날 세계 종교로 성장할 수 있었던 것 아니겠습니까!

기독교는 로마 사회의 질서를
무너뜨리려 했습니다
VS
기독교는 이상적이고
참된 종교입니다

판사　자, 마지막으로 당사자의 목소리를 들어 볼까요? 말은 한 번 뱉으면 다시 주워 담지 못하는 법이니, 최후 진술은 특히 중요합니다. 이제 저나 배심원단이 판정해야 할 시간이 다가왔기 때문입니다. 양측 당사자는 신중하고 주의 깊게 말씀해 주시기 바랍니다. 그럼, 먼저 원고 측부터 최후 진술을 하세요.

트라야누스　존경하는 판사님, 그리고 배심원 여러분, 이번 재판에서 확실하게 밝혀졌듯이 당시 기독교 신자들은 로마의 법을 어기고 있었습니다. 로마법은 분명 야간에 집회하는 것을 금지하고 있었는데, 그들은 야간에 모임을 가졌으며 이상한 주문을 외웠습니다. 더군다나 일부 기독교 신자들은 그 모임에서 난잡하기 그지없는 이상한 행동을 했습니다. 더욱이 기독교가 로마의 전통 다신교를 부정하였기에 많은 로마 시민들이 일자리를 잃었고 그로 말미암아 기독교를 미워하며 많은 갈등을 빚었습니다.

여기에 계신 어느 분이라도 나의 자리에 앉았다면 기독교를 그대로 내버려 두지는 않았을 것입니다. 누군가 법을 어기는 것을 그대로 내버려 둔다면 법질서는 금방 무너져 내리기 때문입니다. 미풍양속을 해치는 사이비 집단을 방치한다면 나쁜 풍습은 독버섯처럼 빠르게 퍼져 가기 마련입니다. 따라서 내가 기독교를 박해했던 것은 정당한 행위였으며, 개인적인 감정에서 나온 분풀이가 아니라 로마제국의 통치를 바로 세우기 위한 결단이었습니다.

판사님, 그리고 배심원 여러분, 이 점을 고려하여 현명한 판단을 내려 주시길 바랍니다.

판사 원고 트라야누스의 최후 진술이 끝났으니 이제 피고 측에서 진술하세요.

이그나티우스 원고 트라야누스 황제가 잘못된 판단을 내렸다는 것은 후대의 역사가 증명합니다. 우리 기독교가 사람들에게 내세의 희망을 제시하면서 인간 세상에 존재하는 여러 장벽을 철폐하고 평등한 세계를 추구하였기에, 점점 더 많은 사람들이 기독교를 참 신앙으로 받아들였습니다. 로마 제국이 아무리 박해한다고 해도 진리를 향한 우리의 순수한 열정을 꺾을 수는 없었던 것입니다. 이렇게 기독교가 참된 종교라는 사실이 명백하게 밝혀지자, 원고의 먼 후손이 되는 콘스탄티누스 황제는 기원후 313년에 기독교를 공식적으로 인정했고, 테오도시우스 황제는 392년에 기독교를 로마 제국의 국

왜 로마 제국은 기독교를 박해했을까?

교로 삼았습니다.

후대의 황제들이 기독교를 인정했듯이 트라야누스도 조금 더 열린 마음으로 우리 기독교를 바라보았다면 좋았을 것입니다. 그랬으면 그가 우리 기독교에 대해 가졌던 오해를 모두 풀 수 있었을 것입니다. 그의 잘못된 판단으로 수많은 기독교 신자들이 잔인하게 죽었는데도 불구하고, 지금까지 잘못을 뉘우치지 못하고 이렇게 재판을 걸다니 참으로 안타까울 뿐입니다. 지금이라도 자신이 잘못된 판단을 내렸음을 깨닫고 뉘우치길 바랍니다. 우리 기독교 신자들은 우리에게 피해를 입힌 자들을 미워하지 않습니다. 진심으로 반성하기만 한다면 모두 용서하고 동료로 받아들이지요.

배심원 여러분께서 바른 평가를 내려 주시리라 믿습니다. 감사합니다.

판사　여기까지 달려오시느라 원고 측도, 피고 측도, 그리고 배심원단 여러분도 모두 수고 많으셨습니다. 배심원의 평결서를 참고하여 4주 이후에 판결서를 공개하겠습니다, 그때까지 여러분도 이 사건에 대해 곰곰이 따져 보고 바른 판결을 내려 보시길 바랍니다,

　땅, 땅, 땅!

역사공화국 세계사법정 재판 번호 15 트라야누스 VS 이그나티우스

주문

　역사공화국 세계사 법정은 트라야누스가 이그나티우스를 상대로 제기한 허위 사실 유포와 명예 훼손으로 인한 정신적 피해의 손해 배상 청구를 기각한다.

판결 이유

　트라야누스가 로마를 합리적으로 통치하려고 했고, 기독교 신자들이 마술과 야간 집회를 금하는 로마법을 어긴 사실은 인정된다. 트라야누스의 설명을 들어 보면 기독교인들이 당시 로마의 법을 어긴 것은 명확해 보인다. 그러나 트라야누스의 주장과 달리 기독교 신자들은 로마에 반역을 일으키려고 하지 않았으며, 기독교 신자들이 마술적인 주문을 외웠다는 주장은 오해에서 비롯된 것이었다. 또한 기독교 신자들이 야간 집회를 금지하는 법을 어긴 것은 사실이지만, 그들의 모임은 정치적인 것이 아니라 순수하게 종교적인 것이었다. 게다가 기독교 신자들이 사악한 미신을 행하면서 미풍양속을 해쳤다는 주장도 근거 없는 것이었다. 그런 짓을 한 것은 기독교의 이름을 도용한 이단들의 짓이었기 때문이다.

그리고 트라야누스와 로마 지식인들의 눈에 기독교가 미신으로 비쳤을지라도 기독교는 신자들에게 도덕적으로 살고 이웃을 위해서 봉사하라고 가르쳤다. 트라야누스와 로마인은 이 점을 제대로 보지 못한 것으로 판단된다. 그리고 설령 트라야누스의 주장대로 기독교 신자들이 법을 어겼다고 해도, 인간을 야수와 싸우게 한 것은 잘못된 일이다.

따라서 재판에 나온 증거와 증언, 변론을 종합해 보았을 때 기독교 박해가 정당한 법 집행이었다는 트라야누스의 주장을 받아들일 수 없다고 판단된다.

다만, 트라야누스가 잔인하고 야만적이며, 스스로 신이라는 환상에 빠져서 기독교를 박해했다는 평가는 잘못된 것이라 할 수 있다. 유일신을 숭배하는 기독교도들이 로마의 전통 종교인 다신교를 미신이라고 규정하고 로마인에 대해서 공격적인 태도를 취했던 것도 문제가 있어 보인다. 기독교와 로마 제국이 서로 이해하려는 노력이 부족했고, 그것이 여러 오해를 불러일으켰다는 사실을 되새겨 보아야 한다고 판단된다.

역사공화국 세계사법정 담당 판사 정역사

"콘스탄티누스,
이 십자가를 가지고 싸우거라"

힘겨운 재판을 마치고 낡은 사무실의 찢어진 소파에 앉아 있는 김딴지 변호사. 재판에서 쓰였던 자료들이 책상 위에 엉망으로 놓여 있다. 김딴지 변호사는 녹초가 된 몸으로 멍하니 천장을 바라보고 있었다.

띠리리리, 띠리리리!

갑자기 전화벨이 울렸다.

"아이쿠, 깜짝이야. 누구세요?"

김딴지 변호사가 전화를 받자 전화기 너머에서 웬 남자의 목소리가 들려왔다.

"김 변호사, 재판 잘 지켜보았소. 그런데 당신에게 한 가지 하고 싶은 말이 있다오."

'저 근엄한 목소리의 주인공은 대체 누구일까? 말할 것이 있다니, 도대체 무엇일까?'

"누구신데 제게 전화를 걸었습니까? 일단 정체를 밝혀 주세요."

"나는 로마 제국의 황제였던 콘스탄티누스요."

"아, 반갑습니다. 저도 그 이름을 들어 본 적이 있습니다. 기독교를 공식적으로 인정하였고, 로마 제국의 수도를 로마에서 콘스탄티노플로 옮기셨지요."

"잘 알고 있군요. 얼마전 열렸던 트라야누스와 이그나티우스의 재판을 본 후, 당신 같은 사람에게 꼭 해 줄 말이 있어 연락한 것이오."

김딴지 변호사는 수화기에 귀를 바짝 붙이고 이야기를 들었다.

"당신은 기독교인들이 기적을 믿는다며, 기독교를 미신이라고 주장했소."

"그렇습니다. 과학의 법칙이 작용하는 세상에 기적이 어디 있습니까? 그런 것을 믿는 것은 모두 미신입니다. 특히 예수가 처녀의 몸에서 태어났다든가, 죽은 사람이 살아난다는 것은 정말 있을 수 없는 일입니다."

"흠……, 나도 처음엔 그렇게 생각했소. 그런데 내가 바로 기적을 경험했소. 312년 나는 로마를 다시 통일하기 위해 황제를 자처하고 있었던 막센티우스와 싸움을 벌이게 되었다오. 이 싸움이 내게 불리할 것은 불을 보듯 뻔했고, 그 싸움에서 지면 나는 모든 것을 잃게 될 처지였지요. 그런데 최후의 결전을 앞둔 순간, 갑자기 하늘에 십자가가 펼쳐지더니 '이 표지를 가지고 싸워라'라는 음성이 들려왔소.

나는 그 소리를 듣고 병사들의 방패에 십자가를 세웠다오. 그러고는 밀비우스 다리를 건너가 막센티우스 군대를 마침내 물리치게 되었소. 전투에서 승리한 후, 나는 로마 제국의 명실상부한 황제가 되어 기독교를 종교로 인정했지. 그것이 313년의 일이었소. 사람들은 기독교를 공인한 나의 그 명령을 밀라노 칙령이라고 부른다오."

"그 이야기는 저도 대강 들어서 알고 있습니다. 그런데 굳이 제게 그 이야기를 하시는 이유는 무엇입니까?"

"당신은 재판에서 모든 것을 이성의 논리로 해명하고, 판단하려

왜 로마 제국은 기독교를 박해했을까?

했소. 그러나 세상에는 우리가 이성으로만 판단하기 어려운 신비로운 일들이 분명 존재하는 법이오. 그것은 어떤 말로도 설명할 수 없으며, 인간의 논리를 뛰어넘는 것이라오."

"아, 그렇습니까? 그렇지만 우리가 인간 세상에 사는 한, 이성의 논리를 기본으로 삼아야 하지 않겠습니까? 논리로 설명할 수 없는 부분까지 인정해 버리면 질서가 무너질 테니까요."

"허, 거참, 대단히 완고한 사람이구먼. 끝까지 열심히 해 보시구려. 어쨌든 당신이 미신이라고 규정했던 그 기독교는 나의 마음을 움직였고, 또 로마인 전체의 마음을 움직였소. 그래서 로마 제국의 국교가 되었고, 이후 세계의 종교가 된 것이오. 과연 기독교의 그 위대함이 어디에서 나왔는지 더 생각해 보기 바라오."

콘스탄티누스가 전화를 끊자 김딴지 변호사는 당혹한 표정을 지으며 생각에 잠겼다.

'정말 신이 있긴 한 건가? 글쎄…… 논리로 설명되지 않는 것을 무턱대고 믿을 수는 없지. 그런 것은 다 미신에 불과하다고!'

로마 제국의 발자취가 남아 있는 로마

로마 제국의 역사는 기원전 8세기 무렵으로 거슬러 올라갑니다. 그리스에서 지중해를 건너 이주해 간 집단이 정착하여 살기 시작하였다고 하지요. 한편 전해져 오는 이야기에 의하면 '로물루스'와 '레무스'라는 두 아이가 버려졌는데, 이들은 늑

늑대의 젖을 먹고 자랐다고 전해지는 두 형제

대의 젖을 먹고 자랐다고 합니다. 두 형제는 싸움 끝에 로물루스가 레무스를 죽이고 세력을 넓혀 로마라는 작은 도시국가를 건설하였다고 하지요. 로물루스의 이름을 따서 '로마'라고 했다고 합니다.

이런 설화를 간직한 로마 제국은 여러 지도자를 거치며 강해졌고 또 발전하였습니다. 특히 율리우스 카이사르, 옥타비아누스, 오현제(다섯 명의 훌륭한 황제)는 후세에도 잘 알려진 인물들입니다. 물론 포악한 지도자들도 많았어요. 네로, 카라칼라 등의 황제는 무수한 사람들을 학살하여 큰 오점을 남기기도 했으니까요.

이러한 로마 제국은 넓은 영토를 가지고 있던 것으로도 유명하답니다. 로마와 카르타고 간에 지중해를 둘러싸고 벌어진 포에니 전쟁 전

에는 지금의 이탈리아 영토 정도의 크기였지만, 로마가 전쟁에 승리하면서 계속 주변으로 영토를 넓혀 갈 수 있었지요. 그래서 영국, 북아프리카, 아시아 등 지중해를 둘러싼 넓은 땅을 가질 수 있게 되었답니다.

넓은 영토를 가졌던 만큼 로마 제국의 흔적은 여러 곳에서 만날 수 있는데, 특히 로마 제국과 이름이 같은 이탈리아의 로마에 가면 로마 제국의 흔적을 많이 만날 수 있지요.

로마는 이탈리아의 수도로 테베레 강 연안에 있습니다. 교황이 계시는 곳이기도 하지요. 이곳에는 로마 제국 당시 만들어졌던 여러 건축물이 남아 있어요. 그중에는 로마 황제의 무덤으로 135년에 만들기 시작한 '산탄젤로 성'과 352년에 성모 마리아의 계시를 받아 설계 구상을 시작했다고 전해지는 '산타마리아 마조레 교회'도 있답니다.

찾아가기 유럽 남부, 지중해 연안 이탈리아 반도의 수도

산탄젤로 성

산타마리아 마조레 교회

『역사공화국 세계사법정 15 왜 로마 제국은 기독교를 박해했을까?』
와 관련한 논술 문제를 풀어 봅시다.

※ 다음 제시문을 읽고 물음에 답하시오.

(가) 로마 제국의 사람들은 다수의 신
    을 믿었어요. 그리고 황제에게 충
    성을 다하는 것을 당연하게 여겼
    지요. 하지만 기독교는 하느님이
    라는 유일신만을 믿게 하였고, 이

러한 생각은 로마 제국을 다스리는 권력자들의 생각과는 아주
달랐답니다. 때문에 기독교는 박해를 받게 되었지요.

(나) 삼국 시대에 한반도에 전래된 불교는 고구려와 백제에서는 자
    리를 잘 잡았어요. 하지만 신라에서는 귀족들의 반대로 그러지
    못했답니다. 그러던 차에 신라에서 불교를 믿던 이차돈이라는
    승려는 자신의 목숨을 버리고 불교를 널리 퍼지게 하고 싶었지
    요. 그래서 순교를 자청하고 나서서 만일 부처가 있다면 자기가
    죽은 뒤 반드시 특이한 일이 일어나리라 예언하였어요. 그의 예
    언대로 이차돈의 잘린 목에서 흰 피가 나오고 꽃비가 내리는 기
    적이 일어났답니다.

(다) 조선 후기 기독교가 조선에 전파되면서 신도들이 늘어나기 시작했어요. 하지만 권력자들은 기독교가 전통적인 유교 가치관에 반대한다고 생각하여 이를 믿지 못하게 하였지요. 이후 1866년의 병인박해를 시작으로 신유박해 등 여러 차례의 박해를 받았습니다. 특히 흥선대원군은 기독교가 외세와 함께 들어온 것이라 판단하여 강경하게 반대하였는데, 이로 인해 외국인 선교사는 물론 많은 기독교 신자들이 죽음을 당하게 되었지요.

1. (가)~(다)의 내용을 읽고, 공통점과 차이점에 대해 서술하시오.

※ 다음 제시문을 읽고 물음에 답하시오.

(가) "나는 고대 로마의 황제로 혼란한 로마 제국을 수습하고 재통일시켰다네. 그뿐만 아니라 흑해 입구에 있던 비잔티움에 새 도

시 콘스탄티노폴리스를 건설하였지. 그리고 밀라노 칙령으로 기독교를 공식적으로 인정했다네."

(나) 황제 리키니우스와 황제 콘스탄티누스는 밀라노 근교에서 만나 공공의 안녕과 안정에 해당하는 모든 일을 고려하였다. 우리는 기쁜 마음으로 기독교도들에 대해서 공적으로 금령을 제거하고 (……) 기독교를 믿기 원하는 사람은 누구나 자유롭고 아무 거리낌 없이 믿는 것을 허용한다. (……) 우리는 또한 다른 종교들에도 우리 시대의 평화를 위하여 공개적이며 자유로운 예배 행위를 허락하면서 저마다 자기가 원하는 대로 자유롭게 예배할 수 있는 기회를 준다는 사실을 만천하에 알린다.

2. (가)는 콘스탄티누스 황제의 업적을 바탕으로 그의 말을 가상으로 꾸며 본 것이고, (나)는 밀라노 칙령에 대한 내용입니다. (가)와 (나)를 바탕으로 콘스탄티누스 황제가 밀라노 칙령을 발표한 이유가 무엇이었는지 짐작하여 쓰시오.

왜 로마 제국은 기독교를 박해했을까?

해답 1 (가)는 로마 제국에서 박해를 받던 기독교에 대한 이야기이고, (나)는 신라에서 박해를 받던 불교의 이야기, (다)는 조선 시대에 박해를 받던 천주교의 이야기입니다. (가)~(다) 모두 종교로 인해 박해를 받는 공통점이 있어요. 목숨과 믿음 중에서 선택을 해야하는 상황에서도 믿음을 선택하는 사람들이 있었음을 보여 주는 역사적 사건들이지요. 하지만 (가)는 기독교, (나)는 불교, (다)는 기독교 중에서도 천주교라는 차이점이 있답니다.

해답 2 313년 2월에 로마 제국의 콘스탄티누스 1세와 리키니우스가 밀라노에서 회담하고 같은 해 6월에 알린 칙령이 바로 밀라노 칙령입니다. 로마 제국 내에서 기독교의 자유를 허용한다는 내용이 포함되어 있으며, 이로써 기독교도를 속박하던 법률도 모두 폐지되었지요. 그런데 이 밀라노 칙령을 알린 이유는 당시 로마 제국에 퍼져 있던 여러 문제를 해결하기 위해서였을 수도 있습니다. 당시 로마는 각 지역의 장군들이 서로 황제가 되기 위해 싸우던 시기였습니다. 황제의 권위가 많이 흔들리고 있었지요. 이에 콘스탄티누스는 '황제란 기독교의 신이 인정한 유일한 왕'이라는 인식을 사람들에게 심어주기 위해 기독교를 공인하고 자기편으로 끌어들인 것이랍니다.

* 해답은 예로 제시된 내용입니다.

역사공화국 세계사법정 15

왜 로마 제국은 기독교를 박해했을까?

© 정기문, 2010

초 판 1쇄 발행일 2010년 11월 19일
개정판 1쇄 발행일 2014년 10월 6일
       5쇄 발행일 2023년 12월 1일

지은이   정기문
그린이   이일선
펴낸이   정은영

펴낸곳   (주)자음과모음
출판등록 2001년 11월 28일 제2001-000259호
주소   10881 경기도 파주시 회동길 325-20
전화   편집부 (02) 324-2347 경영지원부 (02) 325-6047
팩스   편집부 (02) 324-2348 경영지원부 (02) 2648-1311
이메일   jamoteen@jamobook.com

ISBN 978-89-544-2415-8 (44900)

개정판 + 신판

과학자가 들려주는 과학 이야기 (전 130권)

위대한 과학자들이 한국에 착륙했다!
어려운 이론이 쏙쏙 이해되는 신기한 과학수업,
〈과학자가 들려주는 과학 이야기〉 개정판과 신간 출시!

〈과학자가 들려주는 과학 이야기〉 시리즈는 어렵게만 느껴졌던 위대한 과학 이론을 최고의 과학자를
통해 쉽게 배울 수 있도록 했다. 또한 지적 호기심을 자극하는 흥미로운 실험과 이를 설명하는 이론들
을 초등학교, 중학교 학생들의 눈높이에 맞춰 알기 쉽게 설명한 과학 이야기책이다.
특히 추가로 구성한 101~130권에는 청소년들이 좋아하는 동물 행동, 공룡, 식물, 인체 이야기와 최신
이론인 나노 기술, 뇌 과학 이야기 등을 넣어 교육 과정에서 배우고 있는 과학 분야뿐 아니라 최근의 과
학 이론에 이르기까지 두루 배울 수 있도록 구성되어 있다.

★ 개정신판 이런 점이 달라졌다! ★

첫째, 기존의 책을 다시 한 번 재정리하여 독자들이 더 쉽게 이해할 수 있게 만들었다.
둘째, 각 수업마다 '만화로 본문 보기'를 두어 각 수업에서 배운 내용을 한 번 더 쉽게 정리하였다.
셋째, 꼭 알아야 할 어려운 용어는 '과학자의 비밀노트'에서 보충 설명하여 독자들의 이해를 도왔다.
넷째, '과학자 소개 · 과학 연대표 · 체크, 핵심과학 · 이슈, 현대 과학 · 찾아보기'로 구성된 부록을 제공하여 본문 주
　　　제와 관련한 다양한 지식을 습득할 수 있도록 하였다.
다섯째, 더욱 세련된 디자인과 일러스트로 독자들이 읽기 편하도록 만들었다.

철학자가 들려주는 철학 이야기 (전 100권)

아이들의 눈높이에 맞춘 철학 동화!
책 읽는 재미와 철학 공부를 자연스럽게 연결한 놀라운 구성!

대부분의 독자들이 어렵게 느끼는 철학을 동화 형식을 이용해 읽기 쉽게 접근한 책이다. 우리의 삶과 세상, 인간관계에 대해 어려서부터 진지하게 느끼고 고민할 수 있도록, 해당 철학 사조와 철학자들의 사상을 최대한 풀어 썼다.

이 시리즈의 가장 큰 장점은 내용과 형식의 조화로, 아이들이 흔히 겪을 수 있는 일상사를 철학 이론으로 해석하고 재미있는 이야기로 담은 것이다. 또한 아이들의 눈높이에 맞는 쉽고 명쾌한 해설인 '철학 돋보기'를 덧붙였으며, 각 권마다 줄거리나 철학자의 사상을 상징적으로 표현한 삽화로 읽는 재미를 더한다. 철학 동화를 이끌어가는 주인공을 형상화하고 내용의 포인트를 상징적으로 표현한 삽화는 아이들의 눈을 즐겁게 만들어준다. 무엇보다 이 시리즈는 철학이 우리 생활 한 가운데 들어와 있고, 일상이 곧 철학이라는 사실을 잘 보여준다. 무엇보다 자기 자신을 극복한다는 것, 인간을 사랑한다는 것, 진정한 인간이 된다는 것, 현실과 자기 자신을 긍정한다는 것 등의 의미를 아이들의 시선에서 풀어내고 있다.